中等职业教育“十四五”规划教材
职业教育课程改革规划创新教材

企业会计综合实训

刘洪斌　万　敬　主　编

内 容 提 要

本书以培养中等职业学校的学生职业能力为导向，按照企业会计核算工作过程，利用仿真票据、账簿和报表，模拟了一个工业企业和商业企业一个月的会计业务，紧扣最新《企业会计准则》、营改增等相关最新税收制度规定。主要内容包括编制和审核原始凭证、填制记账凭证、登记账簿、编制科目汇总表、编制会计报表、填报纳税项等。

本书适合职业院校财经类专业学生和在职财务人员参考使用。

图书在版编目(CIP)数据

企业会计综合实训 / 刘洪斌，万敬主编．—北京：中国石化出版社，2022.6(2025.7 重印)

ISBN 978-7-5114-6725-6

Ⅰ．①企… Ⅱ．①刘… ②万… Ⅲ．①企业会计-中等专业学校-教材 Ⅳ．①F275.2

中国版本图书馆 CIP 数据核字（2022）第 093373 号

中国石化出版社出版发行

地址：北京市东城区安定门外大街 58 号

邮编：100011　电话：(010)57512500

发行部电话：(010)57512575

http://www.sinopec-press.com

E-mail:press@sinopec.com

天津嘉恒印务有限公司印刷

全国各地新华书店经销

*

787×1092 毫米 16 开本 19.25 印张 415 千字

2022 年 7 月第 1 版　2025 年 7 月第 2 次印刷

定价：58.00 元

《企业会计综合实训》编委会

前言 PREFACE

本书以培养中等职业学校的学生职业能力为导向，按照企业会计核算工作过程，利用仿真票据、账簿和报表，模拟了一个工业企业和商业企业一个月的会计业务，紧扣最新《企业会计准则》、营改增等相关最新税收制度规定。主要内容包括编制和审核原始凭证、填制记账凭证、登记账簿、编制科目汇总表、编制会计报表、填报纳税项等。

通过模拟实训，使学生理解会计工作的基本流程，掌握凭证、账簿和报表间的关系和基本操作，促进学生会计理论与实务的整合，从而掌握会计核算的各项基本技能，为尽快地适应会计岗位打下坚实的基础。本书既可以用于学生实训，也可用于会计从业人员岗前培训。

根据课程思政的要求，本书设置了不同的教学模块，在编写过程中深入挖掘思政元素，有针对性地设计模拟教学内容。在两类企业会计实训时突出会计的趋同性，在理论基础部分的会计核算基础里，引入了会计诚信教育思想，以我国杰出的会计学家、教育家潘序伦为典范，要求会计人员必须娴熟技能和高尚品德兼备，诚信执业和诚信治学。

对于书中不足之处，恳请读者批评指正。

编者

目录 CONTENTS

项目一 理论基础

本教材主要在学习了《基础会计》和《财务会计》后，运用会计核算的前提和原则，以加工制造企业和商品流通企业的会计核算特点、方法为媒介，介绍会计核算的程序和实训技能。

结合课程思政，虽然企业类型不同，却突出会计的趋同性，与时俱进，要求会计人员具有创新精神，不断学习。

任务一 两类企业会计的特点

学习目标

- 了解如何将各行业会计核算特点运用到实训上来。

一、加工制造企业会计的核算特点

加工制造企业会计的资金运作的流程为：筹集资金，运用资金进行采购、生产，然后通过产品销售收回资金，形成经营成果，使部分资金退出企业。

1. 筹资阶段

加工制造企业的资金筹集，主要是投资者投入的货币资金、实物投资(存货、固定资产等)以及从债权人借入的资金。

2. 生产准备阶段

加工制造企业的生产准备阶段主要是两个方面：一方面是采购材料并验收入库，另一方面是购买生产用的设备并交付使用。

3. 生产阶段

加工制造企业的生产阶段主要是成本费用的归集过程。主要是领用材料进行生产，生产过程的材料、人工费用的归集、产品完工结转生产成本以及期间费用的归集等。

4. 产品销售阶段

加工制造企业的产品销售阶段主要是两个方面：一方面是产品出库并结转销售成本及形成销售费用，另一方面是资金的收回(也有赊销没收回部分)。

5. 利润形成与分配阶段

加工制造企业的这一阶段主要是通过交纳税费、向投资者分配利润从而使部分资金退出企业，通过盈余公积等方式使部分资金重新投入生产。

二、商业企业会计核算的特点

商业企业是从事商品流通(买卖)的独立核算企业，它主要侧重于采购成本、销售成本以及销售费用的核算，它与加工制造企业相比主要有以下特点：

(1) 核算的对象不同：商业企业将生产者的产品转移到消费者手中，要经历购进、储存、销售三个环节，通过多次买卖活动才最终实现。它又分为商品批发和商品零售两类企业。

(2) 核算的内容不同：商业企业以商品流转为核心，主要包括商品购进、商品储存和商品销售三个环节，也构成商业企业会计核算的核心内容。当然就没有加工制造企业的成本核算那么复杂了。

(3) 核算方法不同：不同类型的商业企业有着不同的经营特点和管理要求，但主要用的计算方法有进价核算和售价核算两种。

任务二 会计核算的基础

学习目标

- 把握会计的核算方法、原则及前提。
- 思考实训中到底运用哪种程序。

一、会计核算方法

会计核算方法包括：设置会计科目和账户、复式记账、填制和审核凭证、登记账簿、成本计算、财产清查、编制会计报表等核算方法和会计基本方法(会计核算方法、会计分析方法和会计检查方法等)。

二、会计核算的基本前提

会计核算的基本前提包括：

从空间上界定的会计主体、从时间上界定的持续经营、从时间上划分会计分期以及主要以货币计量四个前提或假设。

三、会计信息质量要求

2007 年执行的新会计准则要求会计核算必须遵守的会计信息质量要求共有八项：客观性、相关性、明晰性、可比性、实质重于形式、重要性、谨慎性和及时性。

我国杰出的会计学家、教育家潘序伦认为“唯有优越之会计人才，庶政府与企业之会计能日臻完善，间接足以促进国家社会之进步，收效迅速而宏大”。这要求我们会计人员必须娴熟技能和高尚品德兼备，诚信执业、诚信治学。这也是课程思政在本教材中的体现。

四、会计核算处理程序

会计核算处理程序也称会计核算形式，是指会计凭证、账簿、会计报表相结合的方式。目前我国企业主要有三种会计核算处理程序：记账凭证处理程序、汇总记账凭证处理程序和科目汇总表处理程序。本书主要讲述的是使用科目汇总表处理程序。

任务三　会计综合实训技能要求

学习目标

- 掌握会计凭证的填制和审核。
- 熟练掌握会计文字和数字的规范书写。

一、审核和填制凭证的技能

会计凭证是记录经济业务、明确经济责任的书面证明，也是登记账簿的依据。填制和审核会计凭证是会计工作的开始，对会计核算过程和会计资料质量起着至关重要的作用。会计凭证按其填制程序和用途可以分为原始凭证和记账凭证。

1. 会计凭证的审核

原始凭证应审核其真实性、合法性、准确性和完整性。

记账凭证所审核的内容也是记账凭证的填制内容，包括填制凭证的日期、凭证编号、经纪业务摘要、会计科目的名称、记账方向和金额、所附原始凭证的张数，填制凭证人员、稽核人员、记账人员、会计机构负责人、会计主管人员签名或者盖章，收款和付款记账凭证还应当由出纳人员签名或盖章。

2. 会计凭证填制的要求

填制会计凭证时，字迹必须清晰工整，会计文字和数字的书写要规范，要符合以下要求。

（1）文字书写的基本要求。会计工作对汉字书写的基本要求是：简明扼要、字体规范、字迹清晰、书写流利且字迹美观。

① 用文字简明扼要地叙述清楚所发生的经济业务，文字不能超过各书写栏。书写会计科目时，要按照会计制度的有关规定写出全称，不能简化缩写，并且子目、明细科目也要准确规范。

② 书写字迹清晰工整。书写文字时，可用正楷或行书，但不能用草书；要掌握每个字的重心，字体规范，文字大小一致，汉字间适当留有间距。

（2）书写文字基本技巧。会计人员在写文字时，应养成正确的写字姿势，掌握汉字的笔顺和字体结构，写好规范汉字。

（3）中文金额大写的表示方法。中文大写数字的笔画多，不易涂改，主要用于填写需要防止涂改的销货发票、银行结算凭证等信用凭证。书写时要准确、清晰、工整、美观。如果写错，要标明凭证作废，需要重新填写凭证。

① 汉字大写金额数字，一律用正楷或行书书写。对于壹贰叁肆伍陆柒捌玖拾佰仟万亿元角分零整(正)等易于辨认不易涂改的字样，不得用〇一二三四五六七八九十另毛等简化字代替，不得任意自造简化字。

② 对于到元或角为止的大写金额数字，在“元”或“角”之后应写“整”或“正”字；对于有“分”的大写金额数字，“分”字后面不写“整”字或“正”字。

③ 对于未印有货币名称的大写金额数字前，应当加填货币名称(如“人民币”三字)，货币名称与金额数字之间不得留有空白。

④ 阿拉伯金额数字中间有“0”时，大写金额要写“零”字，如人民币 101.50 元，汉字大写金额应写成“壹佰零壹元伍角整”。阿拉伯金额数字中间连续有几个“0”时，汉字大写金额中可以只写一个“零”字，如￥1 004.56，汉字大写金额应写成“壹仟零肆元伍角陆分”。阿拉伯金额数字元位为“0”或数字中间连续有几个“0”，元位也是“0”但角位不是“0”时，汉字大写金额可只写一个“零”字，也可不写“零”字。

（4）会计数字书写要求。对于我国会计工作实务而言，手工操作的会计核算技能数字是阿拉伯数字。阿拉伯数字书写规范是指要符合手写体的规范要求。人们采用阿拉伯数字记录金额时，书写的顺序是由高位到低位、从左到右依次写出各位数字。

阿拉伯数字中的“1234567890”10 个数码，笔画简单，结构奇妙，易认易写，随着数码前后顺序的变换，可以表达出大小不同的数额。在会计核算中，要求会计人员正确、规范和流利地写出阿拉伯数字。

每个数字要大小匀称，笔画流畅，每个数字独立有形，不能连笔书写，要让使用者一目了然。

每个数字要紧贴底线书写，但上端不可顶格，其高度约占全格的 1/2 或 1/3 的位置，要为更正错误数字留有余地，除 6、7、9 外，其他数字高低要一致。书写数字“6”时，上端比其他数字高出 1/4，书写数字“7”和“9”时，下端比其他数字伸出 1/4。

书写每个数字排列有序，并且数字要有一定倾斜度。各数字的倾斜要一致，一般要求上端一律向右顺斜 45°至 60°。

书写数字时，各数字从左至右，笔画顺序是自上而下，先左后右，并且每个数字大小一致，数字排列的空隙应保持一定且同等距离，每个字上下左右要对齐，在印有数位线的凭证、账簿、报表上，每一格只能写一个数字，不得几个字挤在一个格里，更不能在数字中间留有空格。

会计数字的书写必须采用规范的手写体书写，这样才能使会计数字规范、清晰，会计数字书写时，对于除“4”和“5”以外的数字，必须一笔写成，不能人为增加数字的笔画。

不能使“￥”和人民币“元”的单位同时出现。因此，如果已在小写金额前填写了人民币符号“￥”，那么在数字后面可不写“元”字。

练一练

一、写写数字

1						
2						
3						
4						
5						
6						
7						
8						
9						
0						
壹						
贰						
叁						
肆						
伍						
陆						
柒						
捌						
玖						
零						
佰						
仟						

二、练练大写

(1)小写金额为 5 200 元	大写金额：
(2)小写金额为 3 150. 20 元	大写金额：
(3)小写金额为 104 000. 00 元	大写金额：
(4)小写金额为 80 027 000. 00 元	大写金额：
(5)小写金额为 150 001. 00 元	大写金额：
(6)小写金额为 6 900 000. 21 元	大写金额：
(7)小写金额为 45 001 000. 07 元	大写金额：

二、登记账簿的技能

《会计法》第十六条规定，各单位发生的各项经济业务事项应当在依法设置的会计账簿上统一登记、核算，不得违反本法和国家统一会计制度的规定私设会计账簿登记、核算。

会计人员应当根据审核无误的会计凭证登记会计账簿。登记账簿时应掌握以下几个方面：

（1）登记会计账簿时应当将会计凭证日期、编号、业务内容摘要、金额和其他有关资料逐项记入账内，做到数字准确、摘要清楚、登记及时、字迹工整。

（2）登记完毕后，要在记账凭证上签名或者盖章，并注明已经登记入账的符号，表示已经记账。

（3）账簿中书写的文字和数字上面要留有适当空格。不要写满格，一般应占格的1/2。

（4）登记账簿要用蓝黑墨水或者碳素墨水书写，不要用圆珠笔或者铅笔书写。

（5）各种账簿按页码顺序连续登记，不得跳行、隔页。

（6）对于凡需要结出余额的账户，结出余额后，应当在“借或贷”等栏内写明“借”或“贷”等字样。

（7）每一账页登记完毕结转下页时，应当结出本页供不应求数及余额，写在本页最后一行或下页第一行有关栏内，并在摘要栏内注明“过次页”和“承前页”字样；也可以不做“过次页”，将本页供不应求数及余额只写在下页第一行有关栏内，并在摘要栏内注明“承前页”字样。

（8）实行会计电算化的单位，应当定期打印总账。

知识回顾

在记账过程，如果记录发生错误，不得涂改、挖补、刮擦或者用药水消除字迹，不准重新抄写，必须按照正确的方式进行更正。你知道更正错账的方法吗？

三、编制会计报告的技能

财务会计报表是以日常核算资料为主要依据编制的，用来向有关各方面及国家有关部门提供单位在某一特定日期的财务状况和某一会计期间的经营成果、现金流量的文件。

财务会计报表包括会计报表、会计报表附注和财务情况说明书。会计报表是财务会计报告的主要组成部分，总括反映一定会计期间的经济活动、财务收支情况及其结果的一种报告文件。它主要包括资产负债表、利润表、现金流量表及各种附表。

应当根据登记完整、核对无误的会计账簿记录和其他有关资料编制会计报表。在编制财务会计报告时要做到：

（1）会计报表必须数字真实、计算准确、内容完整、说明清楚。任何人不得篡改或者授意、指使、强令他人篡改会计报表的有关数字。

（2）会计报表之间、会计报表各项目之间，凡有对应关系的数字，应当相互一致。

（3）会计报表附表及其说明的编写应当按照国家统一会计制度的规定进行，做到项目齐全、内容完整。

（4）财务会计报告的对外报送应当按照国家规定的期限。对外报送的财务会计报告应当以此编页码，加具封面，装订成册，加盖公章。

温故而知新

- 资产负债表、利润表和现金流量表的结构是怎么样的？
- 资产负债表和利润表是如何填列的？

任务四　会计档案的装订与保管

学习目标

- 学习并掌握会计档案的范围。
- 知道如何进行会计档案的装订。
- 知道如何保管会计档案，保管的期限有多长。
- 知道对于到期的会计档案如何进行销毁。

作为会计人员的后续工作，就是将会计资料整理归档。下面介绍如何进行会计档案的装订与保管。

一、会计档案的内容

会计档案是指会计凭证、会计账簿、会计报表以及其他会计核算资料四个部分。

1. 会计凭证

会计凭证是记录经济业务、明确经济责任的书面证明。它包括资质原始凭证、外来原始凭证、原始凭证汇总表、记账凭证（收款凭证、付款凭证、转账凭证三种）、记账凭证汇总表、银行存款（借款）对账单、银行存款余额调节表等。

2. 会计账簿

会计账簿是由一定格式、相互联系的账页组成，以会计凭证为依据，全面、连续、系统地记录各项经济业务的账簿。它包括按会计科目设置的总分类账、各项明细分类账、现金日记账、银行存款日记以及辅助登记备查簿等。

3. 会计报表

会计报表是反应企业会计财务状况和经营成果的总结性书面文件，主要有主要财务指标快报、月会计报表、季度会计报表、年度会计报表，包括资产负债表、损益表、财务情况说明书等。

4. 其他会计核算资料

其他会计核算资料属于经济业务范畴，是与会计核算、会计监督紧密相关的，由会计部门负责办理的有关数据资料，如经济合同、财务数据统计资料、财务清查汇总资料、核定资金定额的数据资料、会计档案移交清册、会计档案保管清册、会计档案销毁清册等。实行会计电算化的单位存储在磁性介质上的会计数据、程序文件及其他会计核算资料均应视同会计档案一并管理。

二、会计档案的装订和保管

1. 会计档案的整理立卷

会计年度终了后，对会计档案进行整理立卷。会计档案的整理一般采用“三统一”的办法，即分类标准统一、档案形成统一、管理要求统一，并分门别类地按各卷顺序编号。

2. 会计档案的装订

会计档案的装订主要包括会计凭证、会计账簿、会计报表及其他文字资料的装订。

(1) 会计凭证的装订。一般每月装订一次，装订好的凭证按年分月妥善保管归档。会计凭证装订前的准备工作：

① 分类整理，按顺序排列，检查日数、编号是否齐全。

② 按凭证汇总日期归集(如按上、中、下旬汇总归集)，确定装订成册的本数。

③ 摘除凭证内的金属物(如订书钉、大头针、回形针)，对大的张页或附件要折叠成同记账凭证大小，且要避开装订线，以便翻阅，保持数字完整。

④ 整理检查凭证顺序号，如有颠倒则要重新排列；发现缺号时要查明原因。再检查附件有否漏缺，领料单、入库单、工资、奖金发放单是否随附齐全。

⑤ 记账凭证上有关人员(如财务主管、复核人、记账人、制单人等)的印章是否齐全。

(2) 会计凭证装订时的要求：

① 用“三针引线法”装订，装订凭证应使用棉线，在左上角部位打上三个针眼。

实行三眼一线打结，结扣应是活的，并放在凭证封皮的里面，装订时尽可能缩小所占部位，使记账凭证及其附件保持尽可能大的显露面，以便于事后查阅。

② 凭证外面要加封面，封面纸用上好的牛皮纸印制，封面规格略大于所附记账凭证。

③ 装订凭证厚度一般为1.5cm，方可保证装订牢固，美观大方。

会计凭证装订后的注意事项：

① 每本封面上填写好凭证种类、起止号码、凭证张数、会计主管人员和装订人员签章。

② 在封面上编好卷号，按编号顺序入柜，并要在显露处标明凭证种类编号，以便于调阅。

(3) 会计账簿应按时整理立卷。基本要求是：

① 账簿装订前，首先按账簿启用表的使用页数核对各个账户是否相符，账页数是否齐全，序号排列是否连续；然后按会计账簿封面、账簿启用表、账户目录、该账簿按页数顺序排列的账页、会计账簿装订封底的顺序装订。

② 活页账簿装订要求：

第一，保留一使用过的账页，将账页数填写齐全，去除空白页和撤掉账夹，用质地较好的牛皮纸做封面、封底，装订成册。

第二，多栏式活页账、三栏式活页账、数量金额活页账等不得混装，应按同类业务、同类账页装订在一起。

第三，在本账的封面上填写好账目的种类，编好卷号，会计主管人员和装订人(经办人)签章。

③ 账簿装订后的其他要求：

第一，会计账簿应牢固、平整，不得有折角、缺角、错页、掉页、加空白纸的现象。

第二，会计账簿的封口要严密，封口处要加盖有关印章。

第三，封面应齐全、平整，并注明所属年度及账簿名称、编号，编号一年为一编，编号顺序为总账、现金日记账、银行存(借)款日记账、分户明细账。

第四，会计账簿按保管期限分别编制卷号，如现金日记账全年按顺序编制卷号；总账、各类明细账、辅助账全年按顺序编制卷号。

(4) 会计报表的装订。会计报表编制完成及时报送后，留存的报表按月装订成册，谨防丢失。小企业可按季装订成册。

第一，会计报表装订前要按编报目录核对是否齐全，整理报表页数，上边和左边对齐压平，防止折角，如有损坏部位，修补后，完整无缺地装订。

第二，会计报表装订顺序为会计报表封面、会计报表编制说明、各种会计报表按会计报表的编号顺序排列、会计报表的封底。

第三，按保管期限编制卷号。

3. 会计档案保管

《会计档案管理办法》规定："当年会计档案，在会计年度终了后，可暂由本单位财务会计部门保管一年，期满之后原则上应由财务会计部门编制清册移交本单位的档案部门保管。"根据上述规定，会计档案的保管要求有：

(1) 会计档案的移交手续。财务会计部门在将会计档案移交本单位档案部门时，应按下列程序进行。

① 开列清册，填写交接清单。

② 在账簿使用日期栏填写移交日期。

③ 交接人员按移交清册和交接清单项目核查无误后签章。

(2) 会计档案的保管要求。

① 会计档案存放应选择在干燥防水的地方，并远离易燃品堆放地，周围应备有适当的防火器材。

② 采用透明塑料模作防尘罩、防尘布，遮盖所有档案架和堵鼠洞。

③ 会计档案室内应经常用消毒剂喷洒，保持清洁卫生，以防虫蛀。

④ 会计档案室保持通风透光，并有适当的空间、通道和查阅地方，以利查阅，并防止潮湿。

⑤ 设置归档登记簿、档案目录登记簿、档案借阅登记簿，严防损坏损失、散失和泄密。

⑥ 会计电算化档案保管要有防盗、防磁等安全措施。

(3) 会计档案的借阅。

① 会计档案为本单位提供利用，原则上不得借出，有特殊需要须经上级主管单位或单位领导、会计主管人员批准。

② 外部借阅会计档案时，应持有单位正式介绍信，经会计主管人员或单位领导人批准后，方可办理借阅手续；单位内部人员借阅会计档案时，应经会计主管人员或单位领导人批阅后，办理借阅手续。借阅人应认真填写档案借阅登记簿，将借阅人姓名、单位、日期、数量、内容、归期等情况登记清楚。

③ 借阅会计档案人员不得在案卷上乱画、标记，不得拆散原卷册，不得涂改、抽换、携带外出或复制原件(如有特殊情况，须经领导批准后方能携带外出或复制原件)。

④ 借出的会计档案，会计档案管理人员要按期如数收回，并办理注销借阅手续。

（4）会计档案的保管期限。

会计档案的保管期限分为永久、定期两类。定期保管期限一般分为10年和30年。

会计档案的保管期限，从会计年度终了后的第一天算起。

各类会计档案的保管期限原则上应当按照表1-1、表1-2执行，本办法规定的会计档案保管期限为最低保管期限。

单位会计档案的具体名称如有同本办法附表所列档案名称不相符的，应当比照类似档案的保管期限办理。

表1-1 企业和其他组织会计档案保管期限表

序号	档案名称	保管期限	备注
一	**会计凭证**		
1	原始凭证	30年	
2	记账凭证	30年	
二	**会计账簿**		
3	总账	30年	
4	明细账	30年	
5	日记账	30年	
6	固定资产卡片		固定资产报废清理后保管5年
7	其他辅助性账簿	30年	
三	**财务会计报告**		
8	月度、季度、半年度财务会计报告	10年	
9	年度财务会计报告	永久	
四	**其他会计资料**		
10	银行存款余额调节表	10年	
11	银行对账单	10年	
12	纳税申报表	10年	
13	会计档案移交清册	30年	
14	会计档案保管清册	永久	
15	会计档案销毁清册	永久	
16	会计档案鉴定意见书	永久	

表1-2 财政总预算、行政单位、事业单位和税收会计档案保管期限表

序号	档案名称	保管期限			备注
		财政总预算	行政单位事业单位	税收会计	
一	**会计凭证**				
1	国家金库编送的各种报表及缴库退库凭证	10年		10年	

续表

序号	档案名称	保管期限			备注
		财政总预算	行政单位事业单位	税收会计	
2	各收入机关编送的报表	10年			
3	行政单位和事业单位的各种会计凭证		30年		包括：原始凭证、记账凭证和传票汇总表
4	财政总预算拨款凭证和其他会计凭证	30年			包括：拨款凭证和其他会计凭证
二	**会计账簿**				
5	日记账		30年	30年	
6	总账	30年	30年	30年	
7	税收日记账(总账)			30年	
8	明细分类、分户账或登记簿	30年	30年	30年	
9	行政单位和事业单位固定资产卡片				固定资产报废清理后保管5年
三	**财务会计报告**				
10	政府综合财务报告	永久			下级财政、本级部门和单位报送的保管2年
11	部门财务报告		永久		所属单位报送的保管2年
12	财政总决算	永久			下级财政、本级部门和单位报送的保管2年
13	部门决算		永久		所属单位报送的保管2年
14	税收年报(决算)			永久	
15	国家金库年报(决算)	10年			
16	基本建设拨、贷款年报(决算)	10年			
17	行政单位和事业单位会计月、季度报表		10年		所属单位报送的保管2年
18	税收会计报表			10年	所属税务机关报送的保管2年
四	**其他会计资料**				
19	银行存款余额调节表	10年	10年		
20	银行对账单	10年	10年	10年	
21	会计档案移交清册	30年	30年	30年	
22	会计档案保管清册	永久	永久	永久	
23	会计档案销毁清册	永久	永久	永久	
24	会计档案鉴定意见书	永久	永久	永久	

注：税务机关的税务经费会计档案保管期限，按行政单位会计档案保管期限规定办理。

为了全面反映会计档案情况，立档部门应设置“会计档案备查表”，及时记载会计档案的保存数、借阅数和归档数，做到心中有数、不出差错。

4. 会计档案的销毁

(1) 会计档案保管期满后需要销毁时，有本单位档案部门提出销毁意见，与财务会计部门共同鉴定、严格审查，编造会计档案销毁清册。

(2) 要销毁机关、团体、事业单位和非国有企业会计档案时，报本单位领导批准后销毁；国有企业会计档案经企业领导审查，报请上级主管单位批准后销毁。

(3) 会计档案保管期满，对其中未了结的债权债务的原始凭证，应单独抽出，另行立卷，由档案部门保管到结清债权债务时为止；建设单位在建设期间的会计档案，不得销毁。

(4) 销毁档案前，应按会计档案销毁清册所列的项目逐一清查核对；各单位销毁会计档案时，应由会计部门和财会部门共同派员监销；各级主管部门销毁会计档案时，应由同级财政部门、审计部门派员参加监销；会计档案销毁后，经办人在“销毁清册”上签章，注明“已销毁”字样和销毁日期，以示负责，同时将监销情况写出书面报告一式两份，一份报本单位领导，一份归入档案备查。

项目二 工业企业会计模拟实训

学习目标

- 了解主体的基本情况及选择的会计核算流程。
- 能够根据原始凭证反映的经济内容准确无误地编制记账凭证。
- 根据记账凭证登记日记账和明细账簿。
- 通过试算平衡编制科目汇总表，而后登记总账账簿。
- 编制资产负债表和利润表。

任务一 企业基本情况

一、该企业的基本情况

<table>
<tr><td>企业名称</td><td>重庆市万事达家具厂</td><td>法人代表(经理)</td><td>邓鑫</td></tr>
<tr><td>注册地址</td><td>重庆市渝北区龙兴镇两江大道988号</td><td>注册资本</td><td>100万元</td></tr>
<tr><td>经济类型</td><td>有限责任公司</td><td>经营方式</td><td>生产、加工</td></tr>
<tr><td>开户银行账号</td><td>工商银行重庆龙兴支行</td><td rowspan="2">经营范围</td><td rowspan="2">生产、加工办公家具</td></tr>
<tr><td>银行账号</td><td>6289881234567800001</td></tr>
<tr><td>联系电话</td><td>023-67345888</td><td rowspan="4">纳税项目</td><td rowspan="4">增值税13%、城建税7%、教育费附加税3%、地方教育费附加2%、所得税25%</td></tr>
<tr><td>会计主管</td><td>郑实</td></tr>
<tr><td>出纳员</td><td>黄蓉</td></tr>
<tr><td>会计</td><td>孙倩</td></tr>
<tr><td>库管员</td><td>吴故</td><td>社会信用码</td><td>91550011287654321Q</td></tr>
<tr><td colspan="2" rowspan="2">经营期限：2018~2023</td><td>社会保险和住房公积金交纳</td><td rowspan="2">工行重庆金渝支行</td></tr>
<tr><td>收款国库</td></tr>
</table>

二、企业内部会计制度

(一) 会计工作组织

(1) 企业采用通用记账凭证，编号运用统一编号和分数编号。

(2) 企业开设现金日记账、银行存款日记账、总账和明细账。其中日记账和总账采用三栏式，明细账主要采用三栏式、多栏式和数量金额式。

（3）企业按2013年小企业会计准则规定编制资产负债表、利润表和现金流量表。

（二）账务处理程序：使用科目汇总表账务处理程序

科目汇总表处理程序步骤：

① 根据原始凭证编制汇总原始凭证；

② 根据原始凭证或汇总原始凭证编制记账凭证；

③ 根据通用记账凭证涉及现金、银行存款的逐笔登记现金日记账和银行存款日记账；

④ 根据原始凭证、汇总原始凭证和记账凭证登记各种明细分类账；

⑤ 根据各种记账凭证编制科目汇总表；

⑥ 根据科目汇总表登记总分类账；

⑦ 期末，现金日记账、银行存款日记账和明细分类账的余额同有关总分类账的余额核对相符；

⑧ 期末，根据总分类账和明细分类账的记录，编制会计报表。

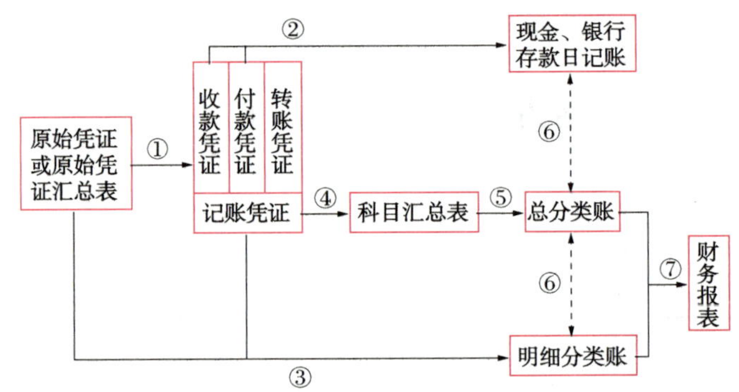

（三）会计核算方法

（1）材料采购采用实际成本法。

（2）固定资产折旧采用年限平均法。

（3）发出商品采用先进先出法。

（4）该企业共两个生产车间：一车间生产办公桌，二车间生产办公椅。

任务二 企业期初数据

一、各总账余额

重庆市万事达家具厂2022年12月初各总账余额如下表：

单位：元

总账科目	借或贷	借方余额	总账科目	借或贷	贷方余额
库存现金	借	8 600	短期借款	贷	200 000

续表

总账科目	借或贷	借方余额	总账科目	借或贷	贷方余额
银行存款	借	610 000	应付账款	贷	80 000
应收票据	借	46 300	其他应付款	贷	17 000
应收账款	借	23 200	应付职工薪酬	贷	51 000
其他应收款	借	5 000	应付利息	贷	1 000
预付账款	借	10 000	应交税费	借	41 500
原材料	借	150 000	负债合计		307 500
周转材料	借	10 000	实收资本	贷	1 000 000
库存商品	借	440 000	盈余公积	贷	55 000
固定资产	借	720 000	本年利润	贷	676 800
累计折旧	贷	49 500	利润分配	贷	20 700
无形资产	借	86 400	所有者权益合计		1 752 500
原值	借	96 000			
累计摊销	贷	9600	负债和所有者权益合计		2060 000
资产合计		2060 000			

二、各明细账余额

重庆市万事达家具厂 2022 年 12 月初各明细账余额如下：

（1）应收票据：①渝北港汇家具销售公司借方余额 26 300 元；②销售给重庆市华友家具城办公桌时，于 11 月 02 日签发的三个月的无息商业承兑汇票 20 000 元。

（2）应收账款：重庆市华友家具城借方余额 23 200 元。

（3）其他应收款：

① 天安保险渝北公司借方余额 3 000 元；

② 职工李平借方余额 2 000 元。

（4）预付账款：预付重庆市光明设备公司购买设备的 10 000 元。

（5）原材料明细：

原材料明细期初余额表　　单位：元

材料编号	品名	规格	单位	数量	单价	金额
1	三层板	1. 2m×1. 8m	张	2 000	50	100 000
2	钢管	30mm×40mm	根	1 000	20	20 000
3	油漆	10kg	桶	1 000	20	20 000
4	强力胶	5kg	桶	500	20	10 000
合计						150 000

（6）周转材料：

周转材料明细期初余额表　　单位：元

材料编号	品名	规格	单位	数量	单价	金额
1	螺钉		kg	1 600	5	8 000

续表

材料编号	品名	规格	单位	数量	单价	金额
2	泡沫		张	1 000	2	2 000
合计						10 000

（7）库存商品期初明账余额表：

名称	规格	单位	数量	单位成本	金额
办公桌		张	1 000	200.00	200 000
办公椅		把	3 000	80.00	240 000
合计					440 000

（8）固定资产及折旧：

固定资产明细期初余额表

单位：元

使用部门	设备名称	原始价值	已提折旧	折旧方法（平均年限法）年	
生产车间	设备	120 000	11 000	10	各项固定资产均为2021年12月31日购入
	厂房	360 000	11 000	30	
	合计	480 000	22 000		
管理部门	办公设备	60 000	11 000	5	
	运输工具	180 000	16 500	10	
	合计	240 000	27 500		
合计		720 000	49 500		

（9）无形资产为商标权借方余额86 400元。原值96 000，按10计提摊销，累计摊销9 600元。

（10）应付账款：

① 应付重庆万元钢材厂材料款贷方余额50 000元；

② 应付多彩木材公司材料款贷方余额23 000元；

③ 应付上月电费7 000元(重庆市江北供电局)。

（11）其他应付款：

① 社会保险贷方余额8 000元；

② 住房公积金贷方余额9 000元。

（12）应付职工薪酬：①上月职工工资19 000元；②职工福利费贷方余额4 000元；③社会保险19 000元；④住房公积金9 000元。

（13）应付利息：本企业于2022年10月01日从开户行借入的为期6个月的借款，自2022年10月至11月预提2个月短期借款的计息。

（14）应交税费明细：

应交税费明细期初余额表

单位：元

税　　种	借或贷	金额
未交增值税	贷	7 000

续表

税　　种	借或贷	金额
城市维护建设税	贷	490
应交个人所得税	贷	660
应交教育费附加税	贷	210
应交地方教育费附加税	贷	140
应交企业所得税	借	50 000

（15）实收资本：

① 邓鑫投入注册资本金 1 000 000 元。

（16）盈余公积为法定盈余公积金，未分配利润为年初的未分配利润。

（17）本年利润为 2022 年 1~11 月累计数，其中 10~11 月为 150 000 元。

任务三　企业 2022 年 12 月主要经济业务

（1）12 月 1 日，收到联营企业重庆北新集团公司的投资款 200 000 元，款已存入开户行。

（2）12 月 1 日，向浦发银行渝北支行借入三年期的借款 100 000 元，已划入企业银行账户。

（3）12 月 2 日，将华友家具城 11 月 2 日签发的三个月的无息商业承兑汇票 20 000 元向银行贴现，月贴现利率为 0.5%，贴现期为 2 个月。

（4）12 月 3 日，生产部从重庆市光明设备有限公司购进设备一台，单价 30 000 元，进项增值税额 3 900 元，通过转账支票支付余款共计 23 900 元，设备当日运达并交付使用。

（5）12 月 4 日，从重庆市东风钢材厂购进钢管 2000 根，单价每根 20 元，进项增值税 5 200元，共计 45 200 元，款项已通过银行转账支票支付，现金支付材料运费 2 180 元，钢材已运到且验收入库。

（6）12 月 5 日，销售部王信同，以现金支票预借差旅费 1 500 元。

（7）12 月 6 日，从重庆市长江建筑材料有限公司购进螺钉 1 000 公斤，每公斤 5 元，强力胶 500 桶，每桶 20 元，增值税率为 13%，款项尚未支付，螺钉和强力胶已运达，且已验收入库。

（8）12 月 8 日，与重庆市马家岩建材公司签订高密度板和 ABC 贴面购货合同，以转账支票预付订金 15 000 元。

（9）12 月 9 日，开出一张为期 3 个月的商业承兑汇票，抵前欠重庆万元钢材厂材料款 50 000 元。

（10）12 月 10 日，通过开户银行转账支付交纳上月的增值税 7000 元，城建税等 1 500 元。

（11）12 月 10 日，向社保中心和公积金中心转账支付上月单位和职工的社保费和公积金共计 45 000 元。

（12）12 月 10 日，开户银行代发上月职工工资 19 000 元。

（13）12 月 10 日，以现金支付吴故、唐朝报销医药费共计 800 元。

（14）12 月 14 日，车间领用钢管用于生产办公桌，领用三层板、油漆用于生产办公椅以及车间消耗周转材料用于生产办公桌和办公椅。

（15）12 月 14 日，收到渝北天安保险赔款 3 000 元已入账。

（16）12 月 14 日，支付多彩木材公司的货款 23 000 元。

（17）12 月 17 日，王信同回来报销差旅费 1 500 元。

（18）12 月 18 日，收到王鑫交来罚款现金 400 元。

（19）12 月 18 日，开出转账支票，支付上月电费 7 000 元，增值税 910 元。

（20）12 月 18 日，用现金 1 000 元购入办公用品。

（21）12 月 19 日，按照预付货款合同，重庆市马家岩建材公司将高密度板和 ABC 贴面运到本公司，其中高密度板 200 张，单价 100 元，价款 20 000 元，增值税 2 600 元；ABC 贴面 200 米，单价 50 元，价款 10 000 元，增值税 1 300 元，以转账支票结清余款，材料已验收入库。

（22）12 月 20 日，开出转账支票支付华夏广告公司的广告制作费 2 120 元。

（23）12 月 20 日，收到前欠货款 23 200 元，已入账。

（24）12 月 21 日，现金收回职工李平借款 2 000 元。

（25）12 月 24 日，将非生产用的一辆货车经报批，准备对外出售。

（26）12 月 25 日，将货车销售，取得价 153 500 元，税 19 955 元，合计 173 455 元，款项已收存银行。

（27）12 月 25 日，将货车清理损失 10 000 元转入营业外支出。

（28）12 月 25 日，开出支票，通过重庆爱心基金会向希望工程捐款 5 000 元。

（29）12 月 25 日，赊销给重庆市华友家具城，办公桌 500 张，每张 300 元，办公椅 1 320 把，每把 150 元，价税合计 348 000 元。（现金折扣条件：5/10，2/20，N/30）

（30）12 月 26 日，销售钢管 1 000 根，单价为 50 元/根，价税合计 56 500 元，款已入账。

（31）12 月 30 日，收到华友家具转来的货款 324 000 元，享受现金折扣 15 000 元。

（32）12 月 31 日，结转本月已销售产品和材料的成本。

（33）12 月 31 日，计算并结转本月未交的增值税。

（34）12 月 31 日，计提本月应交的城建税和教育附加。

（35）12 月 31 日，按部门进行工资分配。

（36）12 月 31 日，结算代扣款项。

（37）12 月 31 日，按比例计提单位交纳的社保和公积金。

（38）12 月 31 日，计提本月固定资产折旧。

（39）12 月 31 日，计提无形资产摊销。

（40）12 月 31 日，支付本季度短期借款利息 1 500 元（已预提 1 000 元）。

（41）12 月 31 日，结算本月电费。

（42）12 月 31 日，计算并结转本月制造费用（办公桌按 3 000 工时，办公椅按 2 000 工时）。

（43）12 月 31 日，结转入库办公桌、办公椅的成本（假设两种产品本月 400 件和 500 件全部完工入库）。

（44）12 月 31 日，结转损益类账户收入类。

（45）12 月 31 日，结转损益类账户费用类。

（46）12 月 31 日，计算所得税。结算本年未交的企业所得税。

（47）12 月 31 日，结转所得税。

（48）12 月 31 日，结转本年实现的净利润。

（49）12 月 31 日，按税后利润 10%计提盈余公积，并按剩余净利润的 50%按投资比例分红。

（50）12 月 31 日，将利润分配各明细账的余额转入利润分配——未分配利润账户。

任务四　企业 2022 年 12 月经济业务原始凭证

1-1

收 款 收 据

No 8558369

2022 年 12 月 01 日

今收到 重庆北新集团公司

交来 投资款

金额（大写） 贰 拾 零 万 零 仟 零 佰 零 拾 零 元 零 角 零 分

¥ 200,000.00　　收款单位（盖章）

核准 郑实　会计 孙倩　记账 孙倩　出纳 黄蓉　经办人

第一联 存根

重庆市万事达家具厂 财务专用章

1-2

中国工商银行　进账单（收账通知）　3

No 94331268

2022 年 12 月 01 日

出票人	全称	重庆北新集团公司	收款人	全称	重庆市万事达家具厂
	账号	86001121120999		账号	6289881234567800001
	开户银行	工行江北观音桥支行		开户银行	工行重庆龙兴支行

金额 人民币（大写）	亿	千	百	十	万	千	百	十	元	角	分
贰拾万元整			¥	2	0	0	0	0	0	0	0

票据种类	转账支票	票据张数	1
票据号码	401100		

工行重庆龙兴支行 2022.12.01 转讫

复核　　记账　　　　收款人开户银行签章

此联是收款人开户银行交给收款人的收账通知

2-1

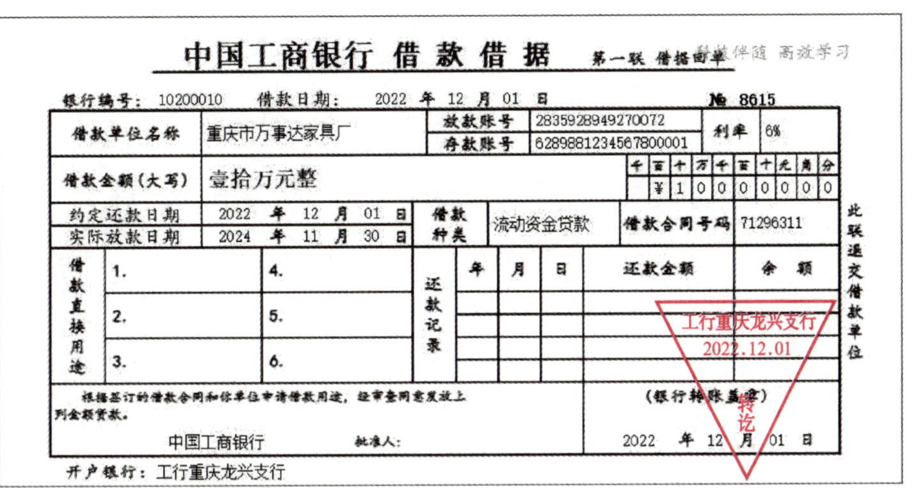

中国工商银行 借款借据　第一联 借据回单

科技伴随 高效学习

银行编号：10200010　借款日期：2022 年 12 月 01 日　№ 8615

借款单位名称	重庆市万事达家具厂	放款账号	2835928949270072	利率	6%
		存款账号	6289881234567800001		
借款金额（大写）	壹拾万元整		￥10000000		
约定还款日期	2022 年 12 月 01 日	借款种类	流动资金贷款	借款合同号码	71296311
实际放款日期	2024 年 11 月 30 日				

借款直接用途		还款记录	年	月	日	还款金额	余额
1.	4.						
2.	5.						
3.	6.						

根据签订的借款合同和你单位申请借款用途，经审查同意发放上列金额贷款。

中国工商银行　批准人：

（银行转账盖章）2022 年 12 月 01 日

工行重庆龙兴支行 2022.12.01 转讫

开户银行：工行重庆龙兴支行

此联退交借款单位

3-1

中国工商银行 贴现凭证（收账通知）　4

科技伴随 高效学习

申请日期　2022 年 12 月 02 日　第　号

贴现汇票	种类		号码		持票人	名称	重庆市万事达家具厂
	出票日	2022 年 11 月 02 日				账号	6289881234567800001
	到期日	2023 年 02 月 02 日				开户银行	工行重庆龙兴支行
汇票承兑人	名称	工行重庆龙兴支行	账号			开户银行	
汇票金额	人民币（大写）	贰万元整					￥2000000
贴现率 每月	%	贴现利息	￥20000			实付贴现金额	￥1980000
上述款项已入你单位账户。银行盖章 年 月 日					备注：		

工行重庆龙兴支行 2022.12.02 转讫

此联银行给贴现申请人的收账通知

4-1

5000151140

重庆增值税专用发票

发票联

№ 40409241　5000151140　40409241

机器编号：982888812388　　开票日期：2022年12月03日

购买方	名　　称：重庆市万事达家具厂 纳税人识别号：91500112M940777113 地 址、电 话：重庆市渝北区龙兴镇两江大道988号0236345888 开户行及账号：工行重庆龙兴支行6289881234567800001	密码区	172312-4-275<1+46*54* 82*59* 181321><8182*59*09618153</ <4<3*2702-9>9*+153</0 >2-3 *08/4>*>>2-3*0/9/>>25-275<1

货物或应税劳务、服务名称	规格型号	单位	数量	单价	金额	税率	税额
设备	AB-01	台	1	30,000.00	30,000.00	13%	3,900.00
合　　计					¥30,000.00		¥3,900.00
价税合计（大写）	⊗叁万叁仟玖佰元整			（小写）¥33,900.00			

销售方	名　　称：重庆光明设备有限公司 纳税人识别号：91500106M026707693 地 址、电 话：沙坪坝区汉渝路878号02365668888 开户行及账号：工行沙坪坝区汉渝路支行75206562892942	备注	校验码 52118 02812 08248 65195

收款人：刘路　　复核：张浩然　　开票人：高凯心　　销售方：（章）

第三联：发票联　购买方记账凭证

税总函〔2016〕××号××××公司

4-2

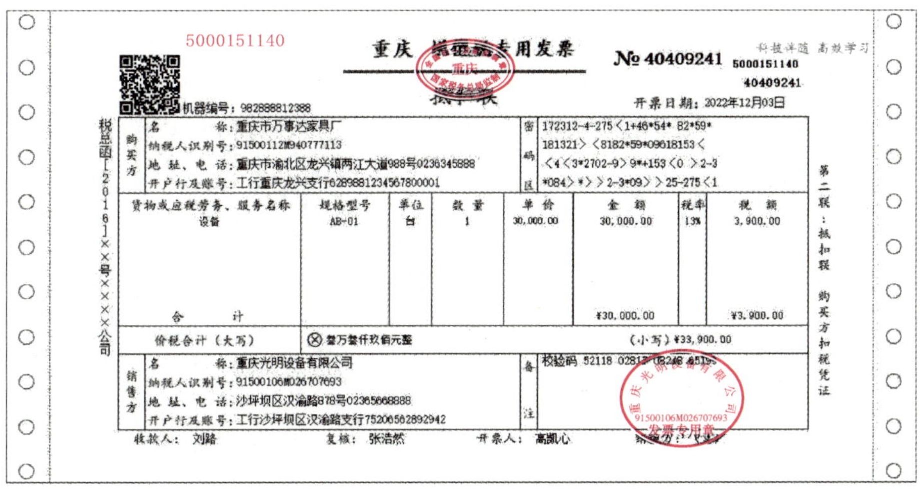

5000151140

重庆增值税专用发票

抵扣联

№ 40409241　5000151140　40409241

机器编号：982888812388　　开票日期：2022年12月03日

购买方	名　　称：重庆市万事达家具厂 纳税人识别号：91500112M940777113 地 址、电 话：重庆市渝北区龙兴镇两江大道988号0236345888 开户行及账号：工行重庆龙兴支行6289881234567800001	密码区	172312-4-275<1+46*54* 82*59* 181321><8182*59*09618153< <4<3*2702-9>9*+153<0 >2-3 *084>*>>2-3*09>>25-275<1

货物或应税劳务、服务名称	规格型号	单位	数量	单价	金额	税率	税额
设备	AB-01	台	1	30,000.00	30,000.00	13%	3,900.00
合　　计					¥30,000.00		¥3,900.00
价税合计（大写）	⊗叁万叁仟玖佰元整			（小写）¥33,900.00			

销售方	名　　称：重庆光明设备有限公司 纳税人识别号：91500106M026707693 地 址、电 话：沙坪坝区汉渝路878号02365668888 开户行及账号：工行沙坪坝区汉渝路支行75206562892942	备注	校验码 52118 02812 08248 65195

收款人：刘路　　复核：张浩然　　开票人：高凯心　　销售方：（章）

第二联：抵扣联　购买方扣税凭证

税总函〔2016〕××号××××公司

4-3

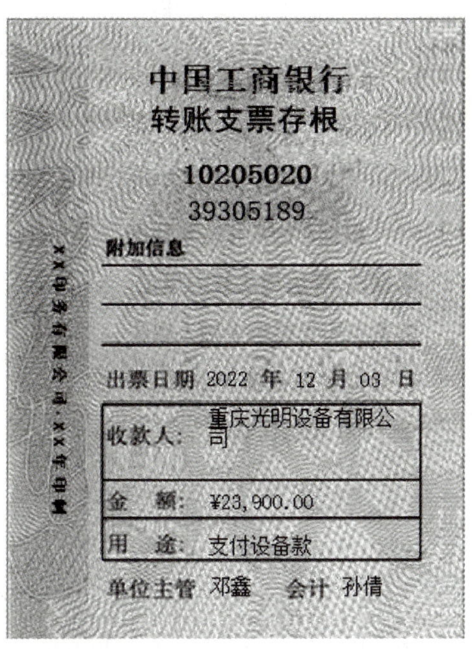

中国工商银行
转账支票存根

10205020
39305189

附加信息

出票日期 2022 年 12 月 03 日

收款人：重庆光明设备有限公司

金　额：¥23,900.00

用　途：支付设备款

单位主管 邓鑫　会计 孙倩

××印务有限公司·××年印制

4-4

交付使用财务明细表

移交单位：采购部　　　　交接根据：合同约定

接收单位：生产车间　　编号：0008　　交接时间：2022年12月3日

<table>
<tr><td>固定资产名称及规格</td><td>设备AB-01</td><td>用途</td><td colspan="2">生产</td><td>固定资产编号</td><td colspan="2">000266</td></tr>
<tr><td>建造单位</td><td></td><td>出厂或建造日期</td><td></td><td>图纸号或说明书</td><td></td><td colspan="2">附属设备明细</td></tr>
<tr><td colspan="2">是否与技术条件相符</td><td colspan="2">是否需要安装</td><td colspan="2">运行或试验结果</td><td colspan="2">附件</td></tr>
<tr><td colspan="2">是</td><td colspan="2">否</td><td colspan="2">符合要求</td><td colspan="2"></td></tr>
<tr><td colspan="4">简略鉴定说明：</td><td colspan="4">验收小组结论：</td></tr>
<tr><td colspan="2" rowspan="2">预计使用年限</td><td colspan="2" rowspan="2">预计残余价值</td><td colspan="2" rowspan="2"></td><td colspan="2">预计大修理费</td></tr>
<tr><td>次数</td><td>费用</td></tr>
<tr><td colspan="2">20年</td><td colspan="2">2000.00</td><td colspan="2"></td><td>2</td><td>3000</td></tr>
<tr><td colspan="8">固定资产原始价值：30000.00</td></tr>
<tr><td colspan="2">实际成本或原价</td><td colspan="2">搬运费用</td><td>安装费用</td><td>其他</td><td colspan="2">合计</td></tr>
<tr><td colspan="2">30000.00</td><td colspan="2"></td><td></td><td></td><td colspan="2">30000.00</td></tr>
<tr><td colspan="2">验收小组全体成员签章</td><td colspan="6">郑实　黄蓉　孙倩　吴故</td></tr>
</table>

5-1

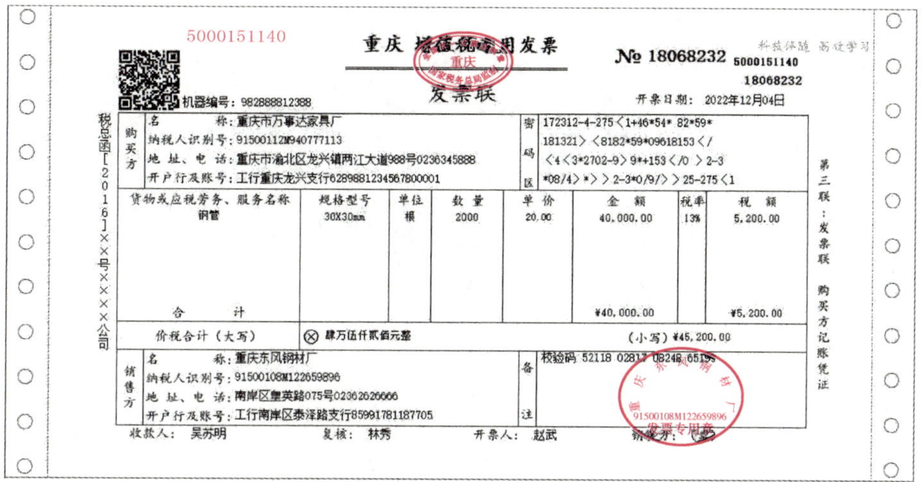

5000151140

重庆增值税专用发票

发票联

№ 18068232　5000151140　18068232

机器编号：982888812388　　开票日期：2022年12月04日

税总函[2016]××号××××公司

购买方	名　　称：重庆市万事达家具厂 纳税人识别号：91500112M940777113 地址、电话：重庆市渝北区龙兴镇两江大道988号0236345888 开户行及账号：工行重庆龙兴支行6289881234567800001	密码区	172312-4-275<1+46*54* 82*59* 181321><8182*59*09618153</ <4<3*2702-9>9*+153</0 >2-3 *08/4>*>>2-3*0/9/>>25-275<1

货物或应税劳务、服务名称	规格型号	单位	数量	单价	金额	税率	税额
钢管	30X30mm	根	2000	20.00	40,000.00	13%	5,200.00
合　计					¥40,000.00		¥5,200.00
价税合计（大写）	⊗肆万伍仟贰佰元整				（小写）¥45,200.00		

销售方	名　　称：重庆东风钢材厂 纳税人识别号：91500108M122659896 地址、电话：南岸区皇英路075号02362626666 开户行及账号：工行南岸区泰泽路支行85991781187705	备注	校验码 52118 02817 08248 65195

收款人：吴苏明　　复核：林秀　　开票人：赵武　　销售方：（章）

重庆东风钢材厂　91500108M122659896　发票专用章

第三联：发票联　购买方记账凭证

5-2

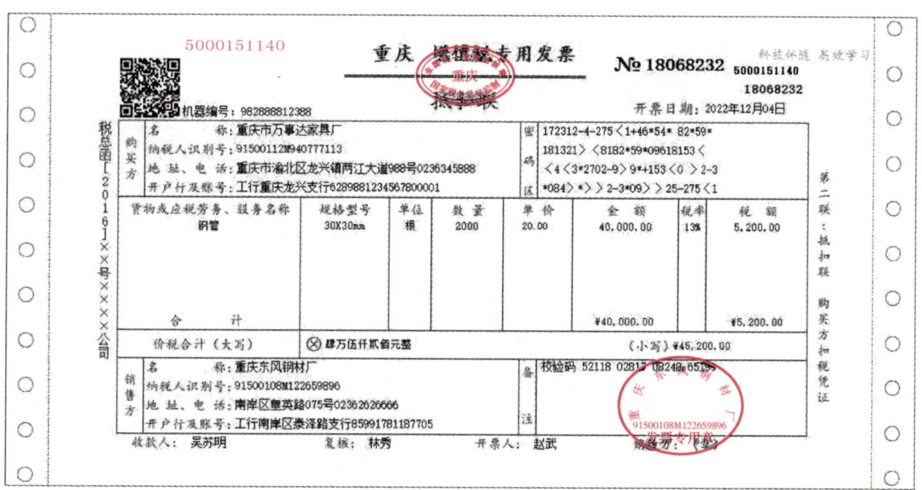

5000151140

重庆增值税专用发票

抵扣联

№ 18068232　5000151140　18068232

机器编号：982888812388　　开票日期：2022年12月04日

税总函[2016]××号××××公司

购买方	名　　称：重庆市万事达家具厂 纳税人识别号：91500112M940777113 地址、电话：重庆市渝北区龙兴镇两江大道988号0236345888 开户行及账号：工行重庆龙兴支行6289881234567800001	密码区	172312-4-275<1+46*54* 82*59* 181321><8182*59*09618153< <4<3*2702-9>9*+153<0 >2-3 *084>*>>2-3*09>>25-275<1

货物或应税劳务、服务名称	规格型号	单位	数量	单价	金额	税率	税额
钢管	30X30mm	根	2000	20.00	40,000.00	13%	5,200.00
合　计					¥40,000.00		¥5,200.00
价税合计（大写）	⊗肆万伍仟贰佰元整				（小写）¥45,200.00		

销售方	名　　称：重庆东风钢材厂 纳税人识别号：91500108M122659896 地址、电话：南岸区皇英路075号02362626666 开户行及账号：工行南岸区泰泽路支行85991781187705	备注	校验码 52118 02817 08248 65195

收款人：吴苏明　　复核：林秀　　开票人：赵武　　销售方：（章）

重庆东风钢材厂　91500108M122659896　发票专用章

第二联：抵扣联　购买方扣税凭证

5-3

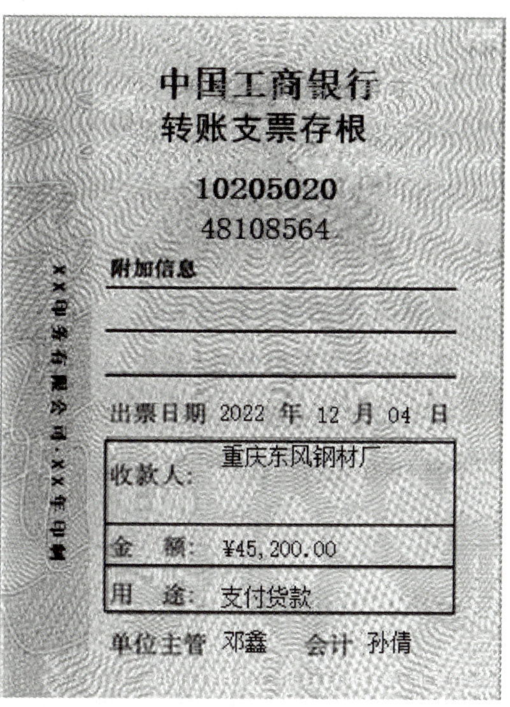

中国工商银行
转账支票存根

10205020
48108564

附加信息

出票日期 2022 年 12 月 04 日

收款人：	重庆东风钢材厂
金 额：	¥45,200.00
用 途：	支付货款

单位主管 邓鑫 会计 孙倩

××印务有限公司·××年印制

5-4

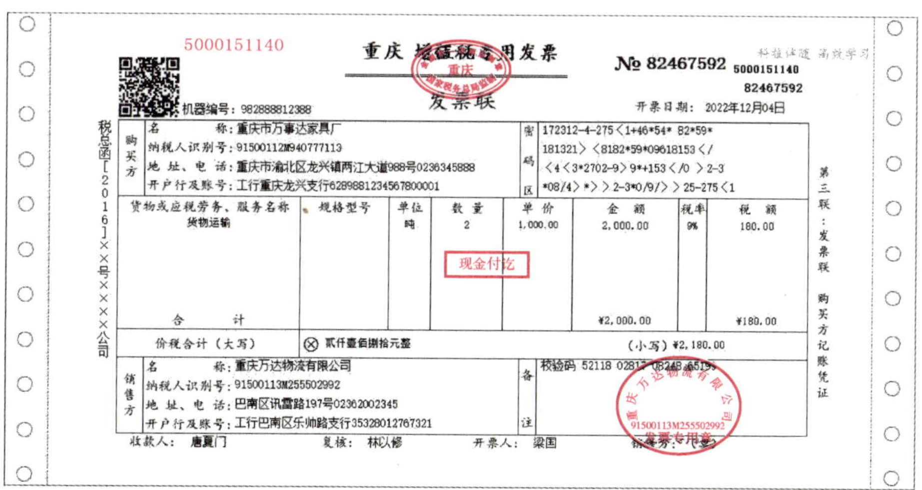

5000151140

重庆增值税专用发票

发票联

№ 82467592 5000151140
82467592

机器编号：982888812388

开票日期：2022年12月04日

购买方	名 称：重庆市万事达家具厂 纳税人识别号：91500112M940777113 地 址、电 话：重庆市渝北区龙兴镇两江大道988号0236345888 开户行及账号：工行重庆龙兴支行6289881234567800001			密码区	172312-4-275<1+46*54* 82*59* 181321><8182*59*09618153</ <4<3*2702-9>9*+153</0 >2-3 *08/4>*>>2-3*0/9/>>25-275<1		
货物或应税劳务、服务名称	规格型号	单位	数 量	单 价	金 额	税率	税 额
货物运输		吨	2	1,000.00	2,000.00	9%	180.00
合 计					¥2,000.00		¥180.00
价税合计（大写）	⊗贰仟壹佰捌拾元整				（小写）¥2,180.00		
销售方	名 称：重庆万达物流有限公司 纳税人识别号：91500113M255502992 地 址、电 话：巴南区讯雷路197号02362002345 开户行及账号：工行巴南区乐帅路支行35328012767321			备注	校验码 52118 02817 08248 65195		

收款人：唐夏门 复核：林以修 开票人：梁国 销售方：（章）

现金付讫

重庆万达物流有限公司 91500113M255502992 发票专用章

税总函[2016]××号××××公司

第三联：发票联 购买方记账凭证

5-5

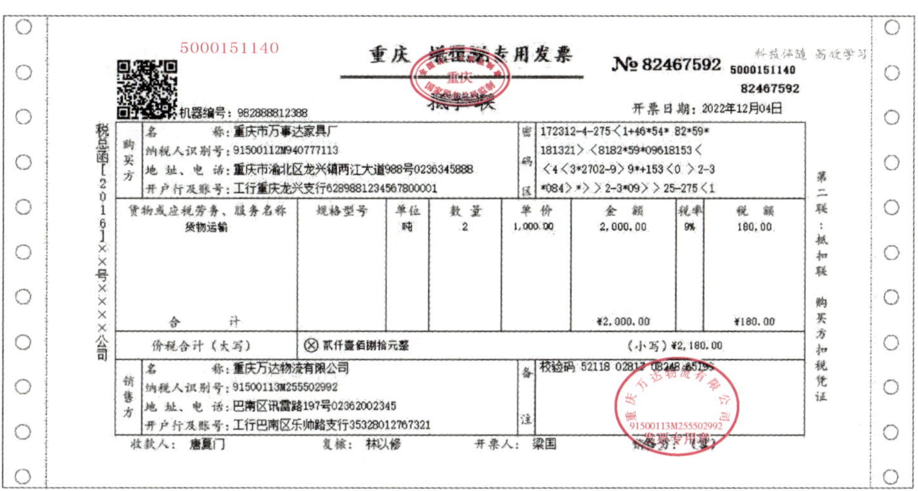

5000151140

重庆 [illegible]专用发票

№ 82467592　5000151140　82467592

机器编号：982888812388　　　开票日期：2022年12月04日

购买方	名　　称：重庆市万事达家具厂 纳税人识别号：91500112M940777113 地 址、电 话：重庆市渝北区龙兴镇两江大道988号0236345888 开户行及账号：工行重庆龙兴支行6289881234567800001	密码区	172312-4-275<1+46*54* 82*59* 181321><8182*59*09618153< <4<3*2702-9>9*+153<0 >2-3 *084>*>>2-3*09>>25-275<1

货物或应税劳务、服务名称	规格型号	单位	数量	单价	金额	税率	税额
货物运输		吨	2	1,000.00	2,000.00	9%	180.00
合　　计					¥2,000.00		¥180.00
价税合计（大写）	⊗贰仟壹佰捌拾元整				（小写）¥2,180.00		

销售方	名　　称：重庆万达物流有限公司 纳税人识别号：91500113M255502992 地 址、电 话：巴南区讯雷路197号02362002345 开户行及账号：工行巴南区乐帅路支行35328012767321	备注	校验码 52118 02812 08248 65195

收款人：唐夏门　　复核：林以修　　开票人：梁国　　销售方：（章）

税总函[2016]××号××××公司

第二联：抵扣联　购买方扣税凭证

5-6

收　料　单

供货单位：**重庆市东风钢材厂**　　　　2022 年 12 月 4 日　　　　第 01 号

材料类别	名称及规格	计量单位	数量		实际成本			
			应收	实收	单价	金额	运费	合计金额
钢材	**钢管**	**根**	**2000**	**2000**	**20**	**40000**	2000	42 000
合计				**2000**	**20**	**40000**		42 000

质量检查：吴一凡　　采购经手人：孙倩　　仓库经手人：吴故

6-1

借 款 单

2022 年 12 月 5 日

借款单位：　销售部		
借款理由：　**到成都出差**		
借　　款：　**人民币壹仟伍佰元整　¥1500.00**		
本单位负责人意见：　同意借出款项。　　　借款人：**王信同**		
会计主管核批： 郑实	付款方式： **现金支票**	出纳： 黄蓉

6-2

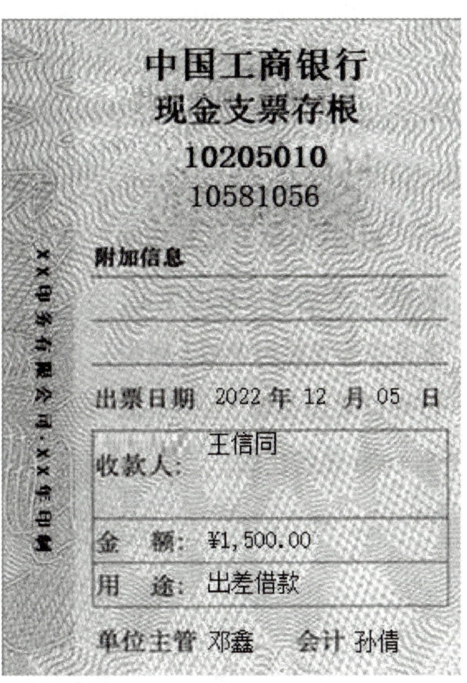

中国工商银行
现金支票存根
10205010
10581056

××印务有限公司·××年印制

附加信息

出票日期　2022 年 12 月 05 日

收款人：王信同

金　额：¥1,500.00

用　途：出差借款

单位主管 邓鑫　　会计 孙倩

7-1

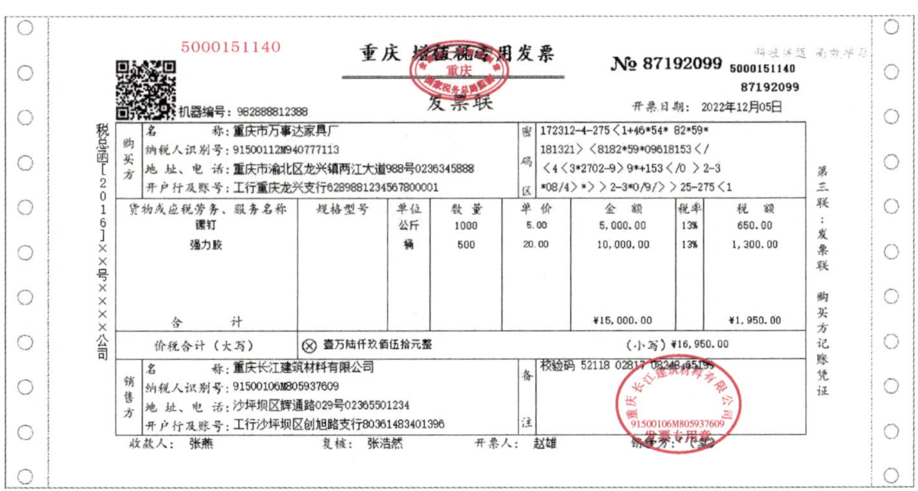

5000151140

重庆增值税专用发票

发票联

№ 87192099　5000151140
87192099

机器编号：982888812388

开票日期：2022年12月05日

税总函[2016]××号××××公司

购买方	名　　称：重庆市万事达家具厂 纳税人识别号：91500112M940777113 地 址、电 话：重庆市渝北区龙兴镇两江大道988号0236345888 开户行及账号：工行重庆龙兴支行6289881234567800001	密码区	172312-4-275<1+46*54* 82*59* 181321><8182*59*09618153</ <4<3*2702-9>9*+153</0 >2-3 *08/4>*>>2-3*0/9/>>25-275<1

货物或应税劳务、服务名称	规格型号	单位	数量	单价	金额	税率	税额
螺钉		公斤	1000	5.00	5,000.00	13%	650.00
强力胶		桶	500	20.00	10,000.00	13%	1,300.00
合　计					¥15,000.00		¥1,950.00
价税合计（大写）	⊗壹万陆仟玖佰伍拾元整				（小写）¥16,950.00		

销售方	名　　称：重庆长江建筑材料有限公司 纳税人识别号：91500106M805937609 地 址、电 话：沙坪坝区辉通路029号02365501234 开户行及账号：工行沙坪坝区创旭路支行80361483401396	备注	校验码 52118 02817 08248 65195

收款人：张燕　　复核：张浩然　　开票人：赵雄　　销售方：（章）

第三联：发票联　购买方记账凭证

7-2

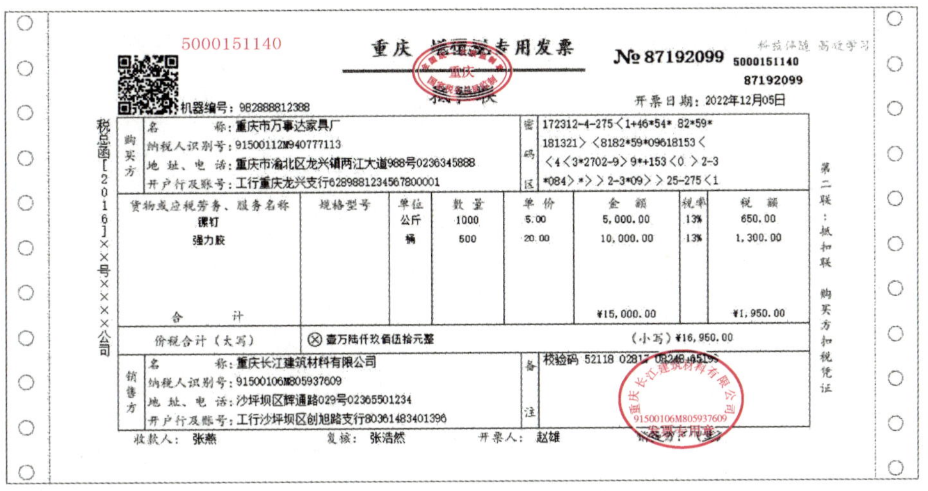

5000151140

重庆 [illegible]专用发票　№ 87192099　5000151140　87192099

机器编号：982888812388　　开票日期：2022年12月05日

购买方　名　　称：重庆市万事达家具厂
纳税人识别号：91500112M940777113
地 址、电 话：重庆市渝北区龙兴镇两江大道988号0236345888
开户行及账号：工行重庆龙兴支行6289881234567800001

密码区　172312-4-275<1+46*54* 82*59*181321><8182*59*09618153<<4<3*2702-9>9*+153<0 >2-3*084>*>>2-3*09>>25-275<1

货物或应税劳务、服务名称	规格型号	单位	数量	单价	金额	税率	税额
螺钉		公斤	1000	5.00	5,000.00	13%	650.00
强力胶		桶	500	20.00	10,000.00	13%	1,300.00
合　计					¥15,000.00		¥1,950.00
价税合计（大写）	⊗壹万陆仟玖佰伍拾元整				（小写）¥16,950.00		

销售方　名　　称：重庆长江建筑材料有限公司
纳税人识别号：91500106M805937609
地 址、电 话：沙坪坝区辉通路029号02365501234
开户行及账号：工行沙坪坝区创旭路支行80361483401396

备注　校验码 52118 02817 08248 05195

重庆长江建筑材料有限公司　91500106M805937609　发票专用章

收款人：张燕　　复核：张浩然　　开票人：赵雄　　销售方：（章）

第二联：抵扣联　购买方扣税凭证

税总函[2016]××号××××公司

7-3

收料单

供货单位：重庆市长江建筑材料有限公司　　2022 年 12 月 06 日　　第 03 号

材料类别	名称及规格	计量单位	数量		实际成本		计划成本	
			应收	实收	单价	金额	单价	金额
	强力胶	桶	500	500	20.00	10 000		
	螺钉	公斤	1 000	1 000	5	5 000		
合计				1 5 00	20.00	15 000		

质量检查：吴一凡　　采购经手人：孙倩　　仓库经手人：吴故

8-1

科技伴随 高效学习

购销合同

合同编号:91415571

购货单位（甲方）：重庆市万事达家具厂

供货单位（乙方）：重庆马家岩建材有限公司

根据《中华人民共和国合同法》及国家相关法律、法规之规定，甲乙双方本着平等互利的原则，就甲方购买乙方货物一事达成以下协议。

一、货物的名称、数量及价格：

货物名称	规格型号	单位	数量	单价	金额	税率	价税合计
高密度板		张	200	100.00	20,000.00	13%	22,600.00
ABC贴面		米	200	50.00	10,000.00	13%	11,300.00
合计（大写） 叁万叁仟玖佰元整							¥33,900.00

二、交货方式和费用承担：交货方式：购货方自行提货，交货时间：2022年12月19日前，交货地点：＿＿＿＿，运费由购货方承担。

三、付款时间与付款方式：＿＿＿＿。

四、质量异议期：订货方对供货方的货物质量有异议时，应在收到货物后＿＿＿＿内提出，逾期视为货物质量合格。

五、未尽事宜经双方协商可作补充协议，与本合同具有同等效力。

六、本合同自双方签字、盖章之日起生效；本合同壹式贰份，甲乙双方各执壹份。

甲方（签章）：	乙方（签章）：
授权代表：邓鑫	授权代表：刘义鸿
地址：重庆市渝北区龙兴镇两江大道988	地址：沙坪坝区碧顺路712号
电话：023634[illegible]88	电话：0236566[illegible]90
日期：2022 年 12 月 08 日	日期：2022 年 12 月 08 日

8-2

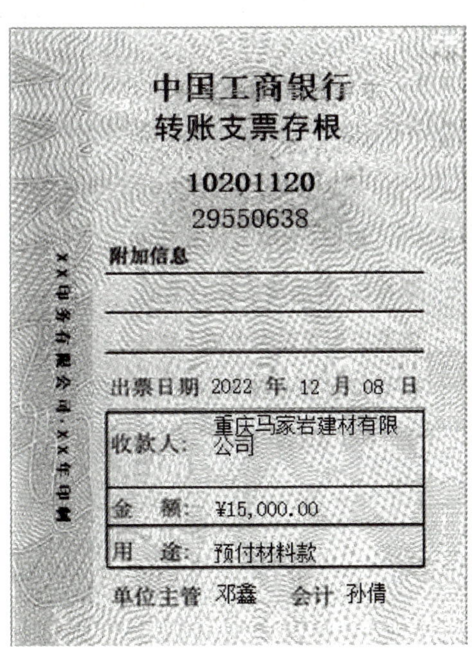

中国工商银行
转账支票存根

10201120
29550638

附加信息

出票日期 2022 年 12 月 08 日

收款人：	重庆马家岩建材有限公司
金额：	¥15,000.00
用途：	预付材料款

单位主管 邓鑫 会计 孙倩

××印务有限公司·××年印制

9-1

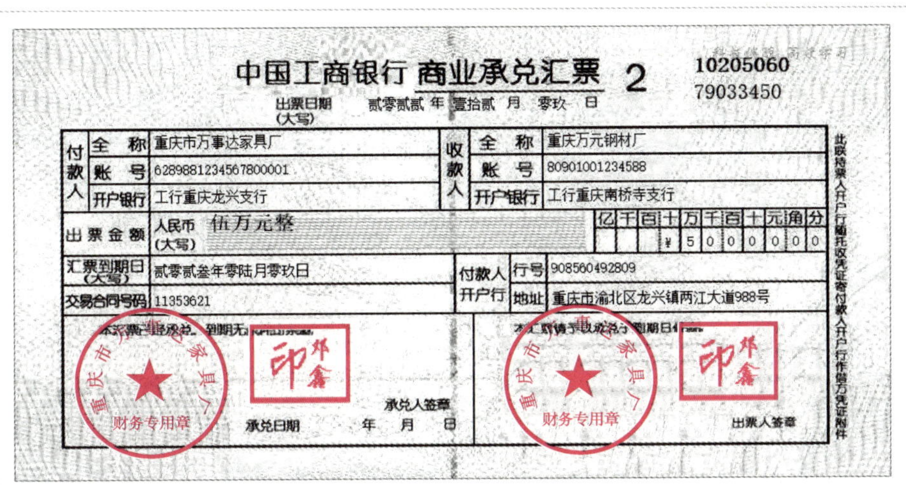

中国工商银行 商业承兑汇票 2　　10205060　79033450

出票日期（大写）　贰零贰贰 年 壹拾贰 月 零玖 日

付款人	全　称	重庆市万事达家具厂	收款人	全　称	重庆万元钢材厂
	账　号	6289881234567800001		账　号	80901001234588
	开户银行	工行重庆龙兴支行		开户银行	工行重庆南桥寺支行
出票金额	人民币（大写）	伍万元整	亿千百十万千百十元角分	¥ 5 0 0 0 0 0 0	
汇票到期日（大写）	贰零贰叁年零陆月零玖日		付款人开户行	行号	908560492809
交易合同号码	11353621			地址	重庆市渝北区龙兴镇两江大道988号

本汇票已经承兑，到期无条件付款。　承兑人签章　承兑日期　年　月　日

本汇票请予以承兑，到期日付款。　出票人签章

此联持票人开户行随托收凭证寄付款人开户行作借方凭证附件

10-1

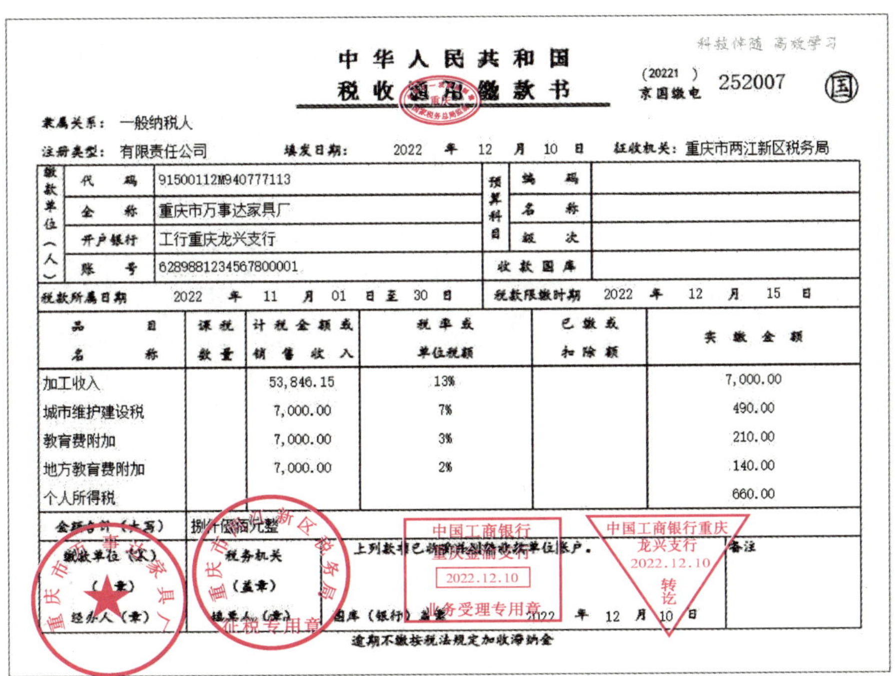

中华人民共和国
税收通用缴款书

（20221）京国缴电　252007　国

隶属关系：一般纳税人

注册类型：有限责任公司　填发日期：2022 年 12 月 10 日　征收机关：重庆市两江新区税务局

缴款单位（人）	代　码	91500112M940777113	预算科目	编　码	
	全　称	重庆市万事达家具厂		名　称	
	开户银行	工行重庆龙兴支行		级　次	
	账　号	6289881234567800001		收款国库	

税款所属日期 2022 年 11 月 01 日至 30 日　税款限缴时期 2022 年 12 月 15 日

品目名称	课税数量	计税金额或销售收入	税率或单位税额	已缴或扣除额	实缴金额
加工收入		53,846.15	13%		7,000.00
城市维护建设税		7,000.00	7%		490.00
教育费附加		7,000.00	3%		210.00
地方教育费附加		7,000.00	2%		140.00
个人所得税					660.00

金额合计（大写）　捌仟伍佰元整

缴款单位（人）（盖章）经办人（章）　税务机关（盖章）填票人（章）　上列款项已收妥并划转收款单位账户。国库（银行）盖章 2022 年 12 月 10 日　备注

逾期不缴按税法规定加收滞纳金

11-1

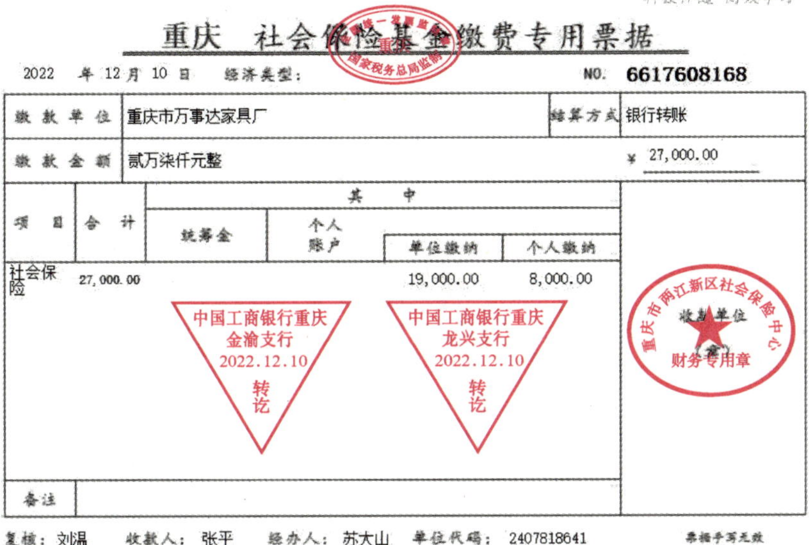

重庆 社会保险基金缴费专用票据

2022 年 12 月 10 日 经济类型： NO. 6617608168

缴款单位	重庆市万事达家具厂			结算方式	银行转账
缴款金额	贰万柒仟元整			¥ 27,000.00	
项目	合计	其中			
		统筹金	个人账户		
			单位缴纳	个人缴纳	
社会保险	27,000.00		19,000.00	8,000.00	
备注					

复核：刘温 收款人：张平 经办人：苏大山 单位代码：2407818641 票据手写无效

2022年12月10 11:00:00

11-2

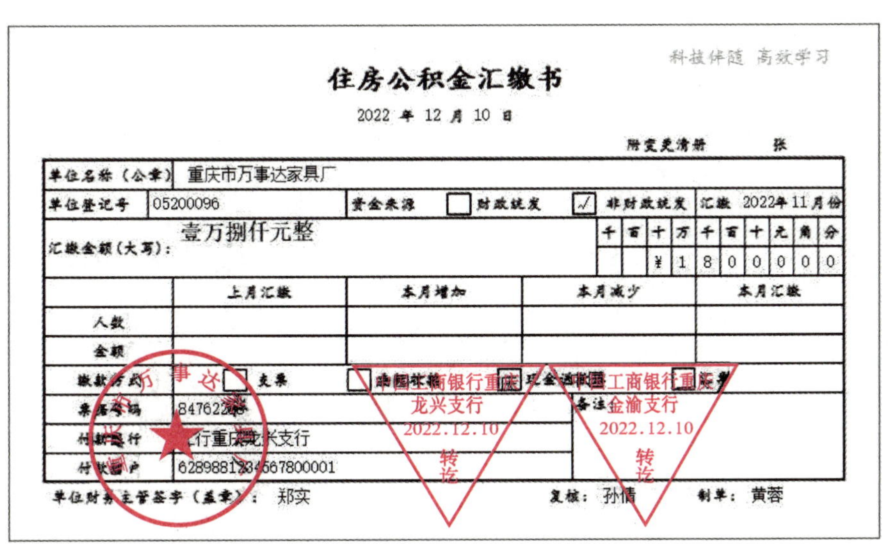

住房公积金汇缴书

2022 年 12 月 10 日

附变更清册 张

单位名称（公章）	重庆市万事达家具厂			
单位登记号	05200096	资金来源 □财政统发 ☑非财政统发		汇缴 2022年 11 月份
汇缴金额（大写）：	壹万捌仟元整			千 百 十 万 千 百 十 元 角 分：¥ 1 8 0 0 0 0 0
	上月汇缴	本月增加	本月减少	本月汇缴
人数				
金额				
缴款方式	□支票	□ [illegible]	□现金送款簿	□ [illegible]
票据号码	847622[illegible]	备注		
付款银行	[illegible]行重庆龙兴支行			
付款账户	6289881234567800001			

单位财务主管签字（盖章）：郑实 复核：孙倩 制单：黄蓉

12-1

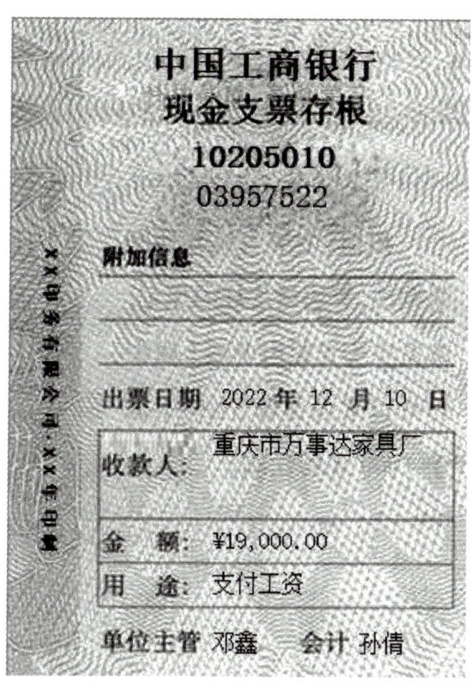

中国工商银行
现金支票存根
10205010
03957522

××印务有限公司·××年印制

附加信息

出票日期 2022 年 12 月 10 日

收款人：重庆市万事达家具厂

金　额：¥19,000.00

用　途：支付工资

单位主管 邓鑫　　会计 孙倩

12-2

重庆市万事达家具厂 2022年11月份工资发放表

姓名	基础工资	奖金	生活补贴及交通补贴	个税扣款	实发工资	签字
邓鑫	2 000	1 000	500		3 500	略
郑实	2 000	1 000	500		3 500	略
孙倩	1 500	1 000	500		3 000	略
郑天平	1 500	1 000	500		3 000	略
吴故	1 500	1 000	500		3 000	略
黄蓉	1 500	1 000	500		3 000	略
合计	10 000	6 000	3 000		19 000	

单位负责人签字：　　复核人：郑实　　制表人：孙倩

13-1

重庆市门诊收费用专用收据

姓名：吴故

项目	金额	项目	金额
西药	145.00	输氧费	
中成药	200.00	手术费	
中草药		治疗费	
常规检查	55.00	放射费	
CT		化验费	
核磁		输血费	
B超			
合计	400.00	合计	
人民币（大写）	肆佰元整		

收费员：李明白　　　　日期：2022年12月5日

13-2

重庆市门诊收费用专用收据

姓名：唐朝

项目	金额	项目	金额
西药	490.00	输氧费	
中成药		手术费	
中草药		治疗费	65.00
常规检查		放射费	
CT		化验费	45.00
核磁		输血费	
B超			
合计	490.00	合计	110.00
人民币（大写）	陆佰元整（￥600.00）		

收费员：李明白　　　　日期：2022年12月6日

13-3

科技伴随 高效学习

费用报销单

报销部门：生产部　　2022 年 12 月 10 日填　　单据及附件共＿＿页

<table>
<tr><td>用途</td><td>金额（元）</td><td rowspan="3">备注</td><td colspan="3" rowspan="3">实际费用的80%</td></tr>
<tr><td>职工医药费报销</td><td>800.00</td></tr>
<tr><td></td><td></td></tr>
<tr><td></td><td></td><td rowspan="3">部门审核</td><td rowspan="3">郑实</td><td rowspan="3">领导审批</td><td rowspan="3">邓鑫</td></tr>
<tr><td></td><td></td></tr>
<tr><td>合计</td><td>¥800.00</td></tr>
<tr><td colspan="2">金额大写：零 拾 零 万 零 仟 捌 佰 零 拾 零 元 零 角 零 分</td><td colspan="2">原借款：　元</td><td colspan="2">应退余款：¥-800.00 元</td></tr>
</table>

会计主管 郑实　　会计 孙倩　　出纳 黄蓉　　报销人　　领款人

现金付讫

14-1

领料单

领料部门：**生产车间**　　2022 年 12 月 14 日　　第 01 号

材料类别	名称及规格	计量单位	数量		实际成本		用途
			申领	实领	单价	金额	
钢材	**钢管**	**根**	**1000**	**1000**	**20.00**	**20 000.00**	**生产办公椅**

仓库主管：吴一凡　　领料员：王五平　　仓库经手人：吴故

14-2

领料单

领料部门：**生产车间**　　2022 年 12 月 14 日　　第 02 号

材料类别	名称及规格	计量单位	数量		实际成本		用途
			请领	实领	单价	金额	
木材	**三层板**	**张**	**800**	**800**	**50.00**	**40 000.00**	**生产办公桌**
辅料	**油漆**	**桶**	**100**	**100**	**20.00**	**2 000.00**	**生产办公桌**
合计						42 000.00	

仓库主管：吴一凡　　领料员：王五平　　仓库经手人：吴故

14-3

领料单

领料部门：**生产车间** 2022 年 12 月 14 日 第 03 号

材料类别	名称及规格	计量单位	数量		实际成本		用途
			请领	实领	单价	金额	
周转材料	**螺钉**	**kg**	**100**		**5**	**500**	**生产办公桌、椅**
	泡沫	张	250		2	500	**生产办公桌、椅**
合计						1 000	

仓库主管：吴一凡 领料员：王五平 仓库经手人：吴敌

15-1

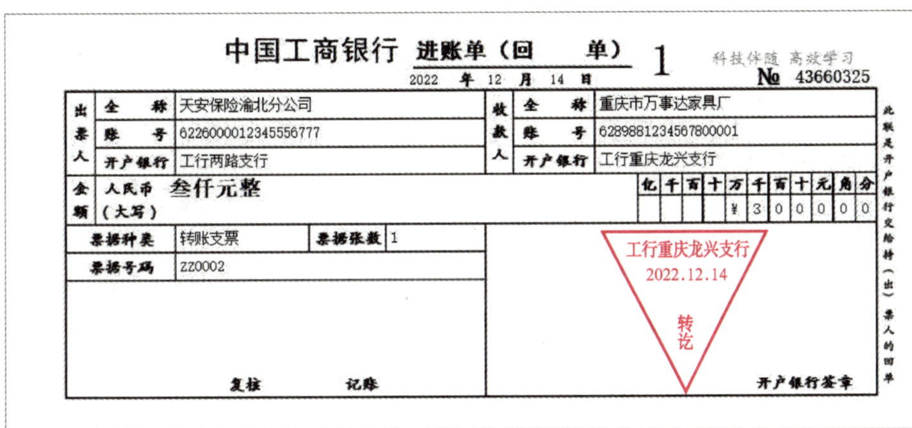

中国工商银行 进账单（回 单） 1

2022 年 12 月 14 日 № 43660325

出票人	全称	天安保险渝北分公司	收款人	全称	重庆市万事达家具厂
	账号	6226000012345556777		账号	6289881234567800001
	开户银行	工行两路支行		开户银行	工行重庆龙兴支行
金额	人民币（大写）	叁仟元整			¥300000
票据种类	转账支票	票据张数 1			
票据号码	ZZ0002				

复核 记账 开户银行签章

工行重庆龙兴支行 2022.12.14 转讫

此联是开户银行交给持（出）票人的回单

16－1

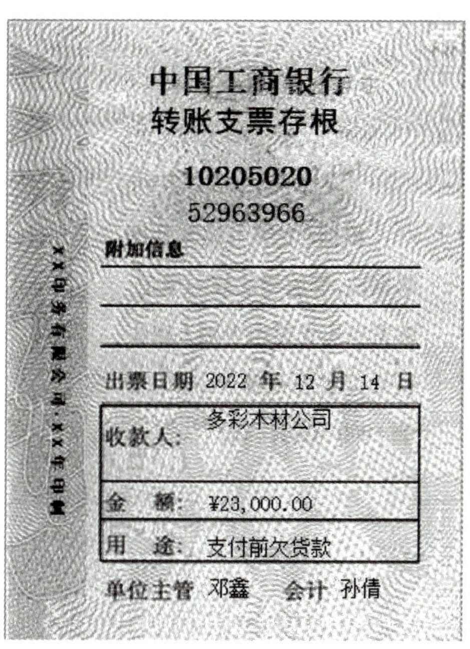

中国工商银行
转账支票存根

10205020
52963966

附加信息

出票日期 2022 年 12 月 14 日

收款人:	多彩木材公司
金　额:	¥23,000.00
用　途:	支付前欠货款

单位主管 邓鑫　会计 孙倩

××印务有限公司·××年印制

17－1

差旅费报销单

科技伴随 高效学习

报销部门：销售部　　报销日期：2022 年 12 月 17 日

出差人：王信同　　出差事由：到成都参加招商会年会

出差日期：2022 年 12 月 05 日 至 2022 年 12 月 09 日 共计：5 天							
车船费					其他费用		
出发地	到达地	交通工具	附件张数	金额	项目	附件张数	金额
重庆	成都	动车	1	100.00	住宿	1	800.00
成都	重庆	动车	1	100.00	餐饮		
					市内交通		
					通讯费		
					其他		
					出差补贴	5天	500.00
合 计			2	¥200.00	合计		¥1,300.00
费用合计：¥1,500.00 元				大写(人民币)：壹仟伍佰元整			
预借差旅：¥1,500.00 元				补领金额：¥0.00 元		退还金额：¥0.00 元	
核实后报销金额：¥1,500.00 元				大写(人民币)：壹仟伍佰元整			

审批：邓鑫　财务主管：郑实　会计：孙倩　部门主管：郑实　领款人：王信同

17-2

051002200104

四川增值税普通发票

发票联

№ 79956808

051002200104
79956808

开票日期：2022年12月09日

税总函[2018]××号××××公司

购买方	名称：重庆市万事达家具厂 纳税人识别号：91500112M940777113 地址、电话：重庆市渝北区龙兴镇两江大道988号0236345888 开户行及账号：工行重庆龙兴支行6289881234567800001	密码区	172312-4-275<1+46*54* 82*59* 181321><8182*59*09618153</ <4<3*2702-9>9*+153</0 >2-3 *08/4>*>>2-3*0/9/>>25-275<1

货物或应税劳务、服务名称	规格型号	单位	数量	单价	金额	税率	税额
住宿		天	4	200.00	800.00	免税	
合计					¥800.00		
价税合计（大写）	⊗捌佰元整				（小写）¥800.00		

销售方	名称：成都水立方大酒店 纳税人识别号：9140010111A0023456 地址、电话：成都市金牛区花牌坊路56号　028-87651213 开户行及账号：工行成都花牌坊支行 6701045543121398981	备注	（成都水立方大酒店 9140010111A0023456 发票专用章）

收款人：刘丽　　复核：张强　　开票人：刘丽

第二联：发票联　购买方记账凭证

17-3

X579900　　重庆西售

2022年12月05日09:38开　　11车11号

一等座

重庆西站　G307次　成都东站

zhongqingxizhan　　chengdudongzhan

¥100.00元　　网

限乘当日当次车

王信同

500102198501013231

4657 3318 0585 0725 3641-2　　和谐号

17-4

X579900　　成都东售

2022年12月09日09:38开　　14车11号

一等座

成都东站　G308次　重庆西站

chengdudongzhan　　zhongqingxizhan

¥100.00元　　网

限乘当日当次车

王信同

500102198501013231

4657 3318 0585 0725 3641-2　　和谐号

18－1

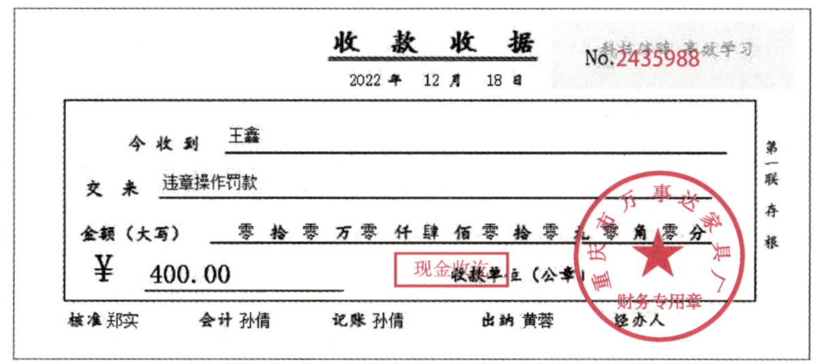

收　款　收　据

No.2435988

2022 年　12 月　18 日

今收到　王鑫

交来　违章操作罚款

金额（大写）　零 拾 零 万 零 仟 肆 佰 零 拾 零 元 零 角 零 分

¥ 400.00　　现金收讫　　收款单位（公章）

核准 郑实　　会计 孙倩　　记账 孙倩　　出纳 黄蓉　　经办人

第一联 存根

19－1

5000151140

重庆增值税专用发票

发票联

№ 83998310　5000151140　83998310

机器编号：982888812388　　开票日期：2022年12月18日

税总函〔2016〕××号××××公司

购买方	名称：重庆市万事达家具厂 纳税人识别号：91500112M940777113 地址、电话：重庆市渝北区龙兴镇两江大道988号0236345888 开户行及账号：工行重庆龙兴支行6289881234567800001	密码区	172312-4-275<1+46*54* 82*59* 181321><8182*59*09618153</ <4<3*2702-9>9*+153</0 >2-3 *08/4>*>>2-3*0/9/>>25-275<1

货物或应税劳务、服务名称	规格型号	单位	数量	单价	金额	税率	税额
电费		度	7000	1.00	7,000.00	13%	910.00
合　计					¥7,000.00		¥910.00
价税合计（大写）	⊗柒仟玖佰壹拾元整				（小写）¥7,910.00		

销售方	名称：重庆江北供电局 纳税人识别号：91500105M390799200 地址、电话：江北区建新西路515号02367866666 开户行及账号：工行江北支行97122899466716	备注	校验码 52118 02817 08248 65199

收款人：张大山　　复核：赵雄　　开票人：徐姿　　销售方：（章）

第三联：发票联　购买方记账凭证

19-2

5000151140　重庆增值税专用发票　№ 83998310　5000151140 83998310

抵扣联

机器编号：982888812388　开票日期：2022年12月18日

购买方	名　　称：重庆市万事达家具厂 纳税人识别号：91500112M940777113 地 址、电 话：重庆市渝北区龙兴镇两江大道988号0236345888 开户行及账号：工行重庆龙兴支行6289881234567800001	密码区	172312-4-275＜1+46*54* 82*59* 181321＞＜8182*59*09618153＜ ＜4＜3*2702-9＞9*+153＜0 ＞2-3 *084＞*＞＞2-3*09＞＞25-275＜1

货物或应税劳务、服务名称	规格型号	单位	数量	单价	金额	税率	税额
电费		度	7000	1.00	7,000.00	13%	910.00
合　　计					¥7,000.00		¥910.00
价税合计（大写）	⊗柒仟玖佰壹拾元整				（小写）¥7,910.00		

销售方	名　　称：重庆江北供电局 纳税人识别号：91500105M390799200 地 址、电 话：江北区建新西路515号02367866666 开户行及账号：工行江北支行97122899466716	备注	校验码 52118 02817 08249 65195

收款人：张大山　复核：赵雄　开票人：徐姿　销售方：（章）

第二联：抵扣联　购买方扣税凭证

19-3

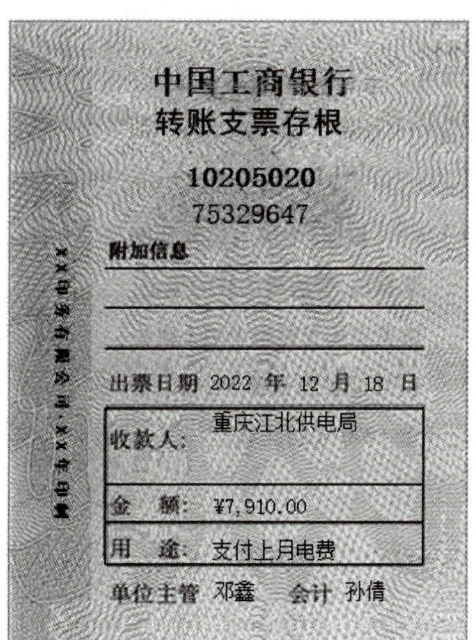

中国工商银行
转账支票存根

10205020
75329647

附加信息

出票日期 2022 年 12 月 18 日

收款人：	重庆江北供电局
金　额：	¥7,910.00
用　途：	支付上月电费

单位主管 邓鑫　会计 孙倩

20-1

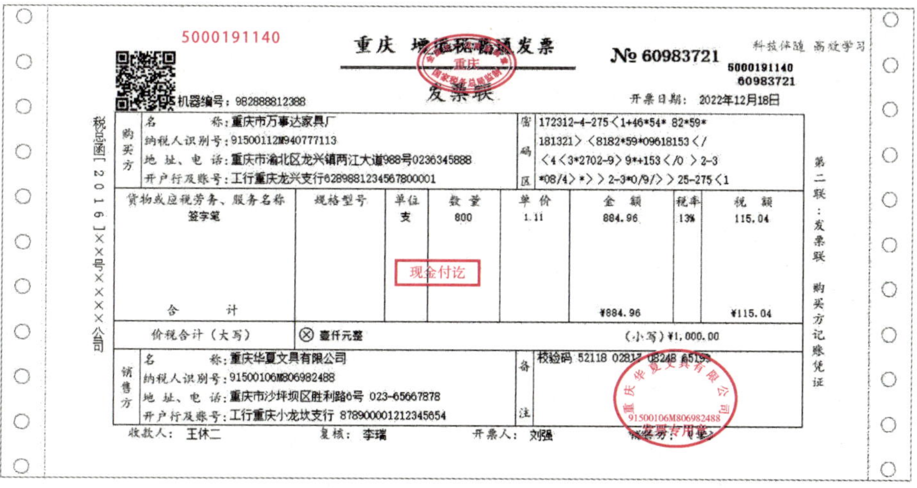

重庆增值税普通发票　发票联

5000191140　№ 60983721　5000191140 60983721

机器编号：982888812388　开票日期：2022年12月18日

购买方　名称：重庆市万事达家具厂　纳税人识别号：91500112M940777113　地址、电话：重庆市渝北区龙兴镇两江大道988号0236345888　开户行及账号：工行重庆龙兴支行6289881234567800001

密码区：172312-4-275<1+46*54* 82*59* 181321><8182*59*09618153</ <4<3*2702-9>9*+153</0 >2-3 *08/4>*>>2-3*0/9/>>25-275<1

货物或应税劳务、服务名称	规格型号	单位	数量	单价	金额	税率	税额
签字笔		支	800	1.11	884.96	13%	115.04
合计					¥884.96		¥115.04
价税合计（大写）	⊗壹仟元整				（小写）¥1,000.00		

现金付讫

销售方　名称：重庆华夏文具有限公司　纳税人识别号：91500106M806982488　地址、电话：重庆市沙坪坝区胜利路6号 023-65667878　开户行及账号：工行重庆小龙坎支行 878900001212345654

备注：校验码 52118 02813 08248 65193

收款人：王休二　复核：李瑞　开票人：刘强　销售方：（章）

第二联：发票联　购买方记账凭证

21-1

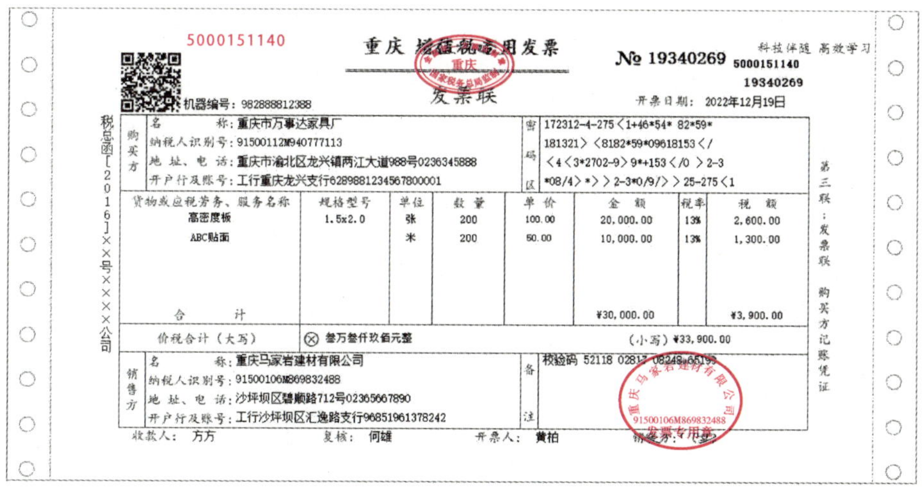

重庆增值税专用发票　发票联

5000151140　№ 19340269　5000151140 19340269

机器编号：982888812388　开票日期：2022年12月19日

购买方　名称：重庆市万事达家具厂　纳税人识别号：91500112M940777113　地址、电话：重庆市渝北区龙兴镇两江大道988号0236345888　开户行及账号：工行重庆龙兴支行6289881234567800001

密码区：172312-4-275<1+46*54* 82*59* 181321><8182*59*09618153</ <4<3*2702-9>9*+153</0 >2-3 *08/4>*>>2-3*0/9/>>25-275<1

货物或应税劳务、服务名称	规格型号	单位	数量	单价	金额	税率	税额
高密度板	1.5x2.0	张	200	100.00	20,000.00	13%	2,600.00
ABC贴面		米	200	50.00	10,000.00	13%	1,300.00
合计					¥30,000.00		¥3,900.00
价税合计（大写）	⊗叁万叁仟玖佰元整				（小写）¥33,900.00		

销售方　名称：重庆马家岩建材有限公司　纳税人识别号：91500106M869832488　地址、电话：沙坪坝区犍顺路712号02365667890　开户行及账号：工行沙坪坝区汇逸路支行96851961378242

备注：校验码 52118 02813 08248 65193

收款人：方方　复核：何雄　开票人：黄柏　销售方：（章）

第三联：发票联　购买方记账凭证

21-2

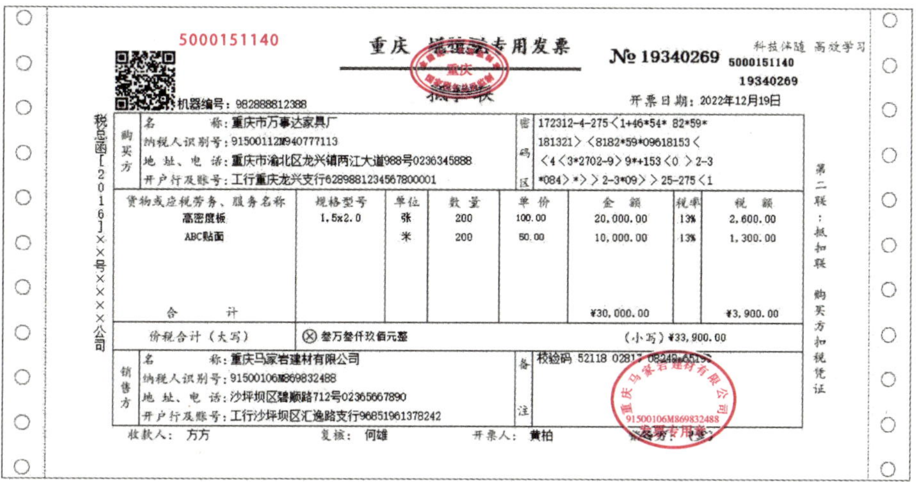

5000151140

重庆增值税专用发票

抵扣联

№ 19340269　5000151140　19340269

科技体随　高效学习

机器编号：982888812388　　　开票日期：2022年12月19日

税总函[2016]××号××××公司

购买方	名　　称：重庆市万事达家具厂 纳税人识别号：91500112M940777113 地 址、电 话：重庆市渝北区龙兴镇两江大道988号0236345888 开户行及账号：工行重庆龙兴支行6289881234567800001				密码区	172312-4-275<1+46*54* 82*59* 181321><8182*59*09618153< <4<3*2702-9>9*+153<0 >2-3 *084>*>>2-3*09>>25-275<1		
货物或应税劳务、服务名称	规格型号	单位	数量	单价	金额	税率	税额	
高密度板	1.5x2.0	张	200	100.00	20,000.00	13%	2,600.00	
ABC贴面		米	200	50.00	10,000.00	13%	1,300.00	
合　　计					¥30,000.00		¥3,900.00	
价税合计（大写）	⊗叁万叁仟玖佰元整				（小写）¥33,900.00			
销售方	名　　称：重庆马家岩建材有限公司 纳税人识别号：91500106M869832488 地 址、电 话：沙坪坝区碧顺路712号02365667890 开户行及账号：工行沙坪坝区汇逸路支行96851961378242				备注	校验码 52118 02817 08249 65196		

收款人：方方　　复核：何雄　　开票人：黄柏　　销售方：（章）

第二联：抵扣联　购买方扣税凭证

21-3

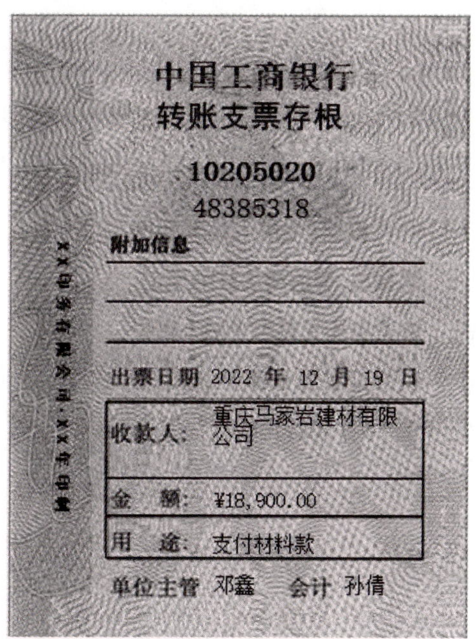

中国工商银行
转账支票存根

10205020
48385318

附加信息

出票日期　2022 年 12 月 19 日

收款人：	重庆马家岩建材有限公司
金　额：	¥18,900.00
用　途：	支付材料款

单位主管　邓鑫　　会计　孙倩

××印务有限公司·××年印制

21-4

收　料　单

供货单位：重庆市马家岩建材公司　　2022 年 12 月 19 日　　第 04 号

材料类别	名称及规格	计量单位	数量		实际成本		计划成本	
			应收	实收	单价	金额	单价	金额
	高密度板	张	200	200	100.00	20000.00		
	ABC贴面	米	200	200	50.00	10000.00		
合计				400		30000.00		

质量检查：吴一凡　　采购经纪人：孙倩　　仓库经手人：吴故

22-1

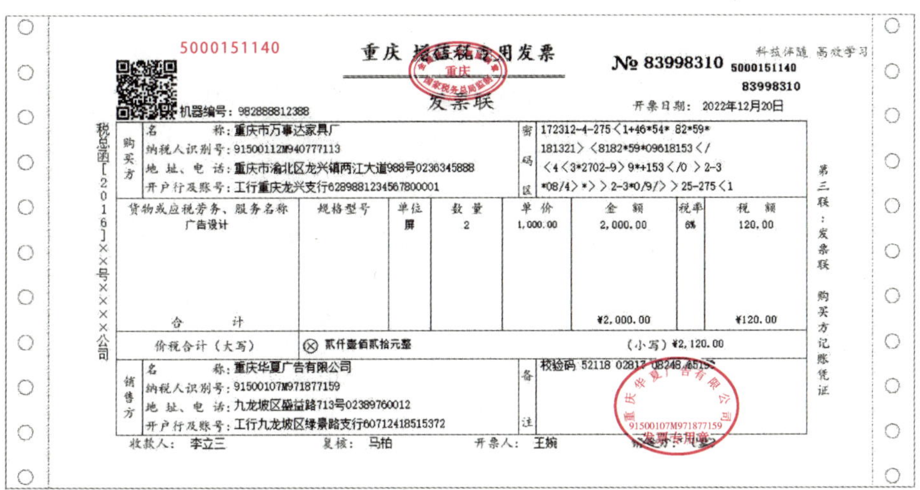

5000151140

重庆 [illegible]用发票

№ 83998310　5000151140　83998310

发票联

机器编号：982888812388　　开票日期：2022年12月20日

购买方	名称：重庆市万事达家具厂 纳税人识别号：91500112M940777113 地址、电话：重庆市渝北区龙兴镇两江大道988号0236345888 开户行及账号：工行重庆龙兴支行6289881234567800001	密码区	172312-4-275<1+46*54* 82*59* 181321><8182*59*09618153</ <4<3*2702-9>9*+153</0 >2-3 *08/4>*>>2-3*0/9/>>25-275<1

货物或应税劳务、服务名称	规格型号	单位	数量	单价	金额	税率	税额
广告设计		屏	2	1,000.00	2,000.00	6%	120.00
合计					¥2,000.00		¥120.00
价税合计（大写）	⊗贰仟壹佰贰拾元整				（小写）¥2,120.00		

销售方	名称：重庆华夏广告有限公司 纳税人识别号：91500107M971877159 地址、电话：九龙坡区盛益路713号02389760012 开户行及账号：工行九龙坡区绿景路支行60712418515372	备注	校验码 52118 02817 08248 65159

收款人：李立三　　复核：马柏　　开票人：王婉　　销售方：（章）

税总函[2016]××号××××公司

第三联：发票联　购买方记账凭证

22-2

5000151140

重庆增值税专用发票

抵扣联

№ 83998310　5000151140　83998310

科技伴随　高效学习

机器编号：982888812388　　　　开票日期：2022年12月20日

购买方	名　　称：重庆市万事达家具厂 纳税人识别号：91500112M940777113 地 址、电 话：重庆市渝北区龙兴镇两江大道988号0236345888 开户行及账号：工行重庆龙兴支行6289881234567800001	密码区	172312-4-275<1+46*54* 82*59* 181321><8182*59*09618153< <4<3*2702-9>9*+153<0 >2-3 *084>*>>2-3*09>>25-275<1

货物或应税劳务、服务名称	规格型号	单位	数量	单价	金额	税率	税额
广告设计		屏	2	1,000.00	2,000.00	6%	120.00
合　　计					¥2,000.00		¥120.00
价税合计（大写）	⊗贰仟壹佰贰拾元整				（小写）¥2,120.00		

销售方	名　　称：重庆华夏广告有限公司 纳税人识别号：91500107M971877159 地 址、电 话：九龙坡区盛益路713号02389760012 开户行及账号：工行九龙坡区绿景路支行60712418515372	备注	校验码 52118 02817 08248 45159

收款人：李立三　　复核：马柏　　开票人：王婉　　销售方：（章）

税总函[2016]××号××××公司

第二联：抵扣联　购买方扣税凭证

重庆华夏广告有限公司 91500107M971877159 发票专用章

22-3

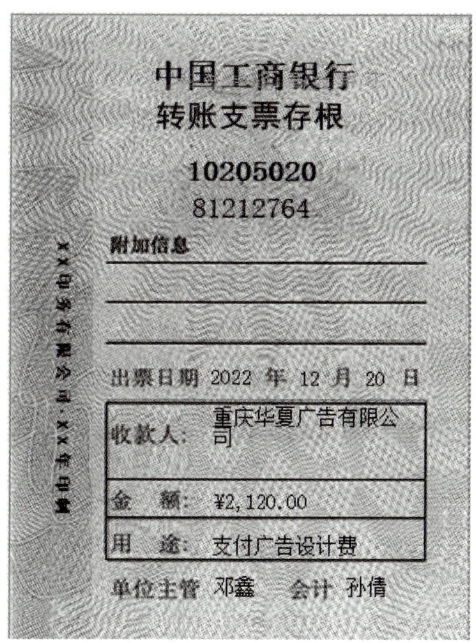

中国工商银行
转账支票存根

10205020
81212764

附加信息

出票日期 2022 年 12 月 20 日

收款人：	重庆华夏广告有限公司
金　额：	¥2,120.00
用　途：	支付广告设计费

单位主管 邓鑫　　会计 孙倩

××印务有限公司·××年印制

23-1

中国工商银行　进账单（收账通知）　3

科技伴随 高效学习

№ 62719262

2022 年 12 月 20 日

出票人	全　称	重庆华友家具销售有限公司	收款人	全　称	重庆市万事达家具厂
	账　号	53172441997606		账　号	6289881234567800001
	开户银行	工行一碗水支行		开户银行	工行重庆龙兴支行
金额	人民币（大写）	贰万叁仟贰佰元整		亿千百十万千百十元角分	¥ 2 3 2 0 0 0 0
票据种类	转账支票	票据张数	1		
票据号码	ZZ0008				
复核　记账				工行重庆龙兴支行 2022.12.20 转讫　收款人开户银行签章	

此联是收款人开户银行交给收款人的收账通知

24-1

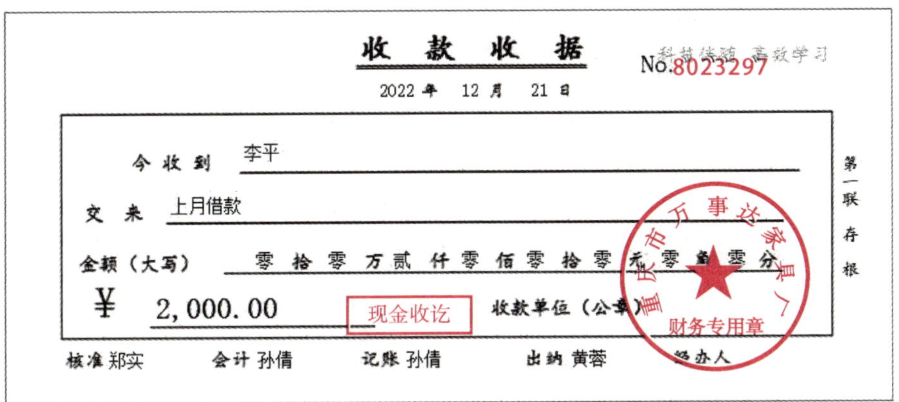

收　款　收　据

科技伴随 高效学习

No.8023297

2022 年 12 月 21 日

今收到　李平

交来　上月借款

金额（大写）　零 拾 零 万 贰 仟 零 佰 零 拾 零 元 零 角 零 分

¥ 2,000.00　现金收讫　收款单位（公章）　重庆市万事达家具厂 财务专用章

核准 郑实　会计 孙倩　记账 孙倩　出纳 黄蓉　经办人

第一联 存根

25-1

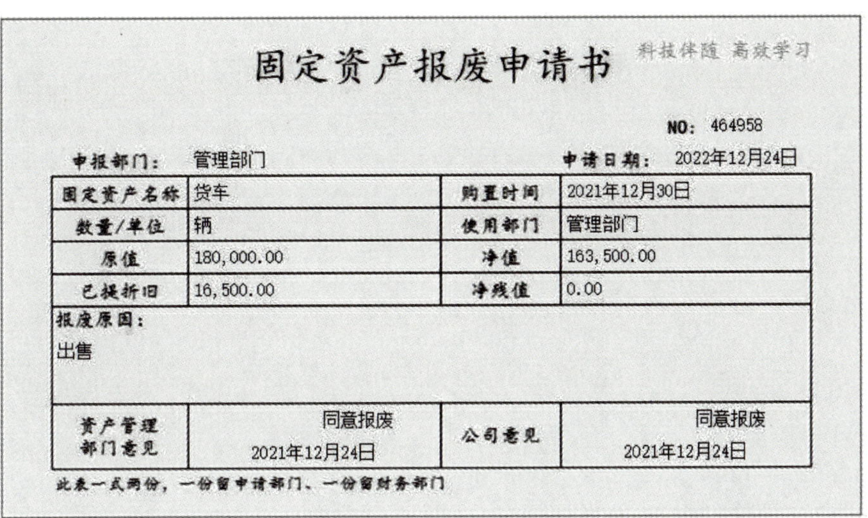

固定资产报废申请书

NO：464958

申报部门：管理部门　　　　申请日期：2022年12月24日

固定资产名称	货车	购置时间	2021年12月30日
数量/单位	辆	使用部门	管理部门
原值	180,000.00	净值	163,500.00
已提折旧	16,500.00	净残值	0.00
报废原因： 出售			
资产管理部门意见	同意报废 2021年12月24日	公司意见	同意报废 2021年12月24日

此表一式两份，一份留申请部门、一份留财务部门

26-1/2

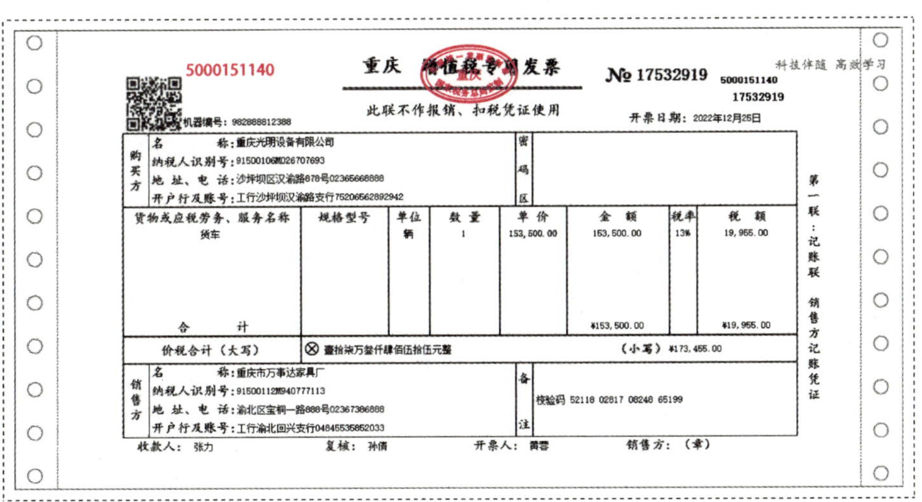

5000151140

重庆增值税专用发票

№ 17532919　5000151140　17532919

此联不作报销、扣税凭证使用

机器编号：982888812388　　　　开票日期：2022年12月25日

购买方	名　　称：重庆光明设备有限公司 纳税人识别号：91500106MD26707693 地 址、电 话：沙坪坝区汉渝路878号02365668888 开户行及账号：工行沙坪坝汉渝路支行75206562892942	密码区	

货物或应税劳务、服务名称	规格型号	单位	数量	单价	金额	税率	税额
货车		辆	1	153,500.00	153,500.00	13%	19,955.00
合　计					¥153,500.00		¥19,955.00
价税合计（大写）	⊗壹拾柒万叁仟肆佰伍拾伍元整				（小写）¥173,455.00		

销售方	名　　称：重庆市万事达家具厂 纳税人识别号：91500112M940777113 地 址、电 话：渝北区宝桐一路888号02367386888 开户行及账号：工行渝北回兴支行04845535852033	备注	校验码 52118 02817 08248 65199

收款人：张力　　复核：孙倩　　开票人：黄蓉　　销售方：（章）

第一联：记账联　销售方记账凭证

26-2/2

中国工商银行 进账单（回　单） 1

科技体验 高效学习

2022 年 12 月 25 日　　№ 89777188

出票人	全称	重庆光明设备有限公司	收款人	全称	重庆市万事达家具厂
	账号	75206562892942		账号	6289881234567800001
	开户银行	工行沙坪坝区汉渝路支行		开户银行	工行重庆龙兴支行
金额	人民币（大写）	壹拾柒万叁仟肆佰伍拾伍元整		亿千百十万千百十元角分	¥17345500
票据种类	转账支票	票据张数	1		
票据号码	ZZ0007				
复核　记账			开户银行签章		

工行重庆龙兴支行 2022.12.25 转讫

此联是开户银行交给持（出）票人的回单

27-1

固定资产清理损益计算表

2022 年 12 月 25 日

清理项目	货车	清理原因	出售
固定资产清理借方发生额		固定资产清理贷方发生额	
清理支出内容	金额	清理收入内容	金额
固定资产净值	163 500.00	固定资产报废收入	153 500.00
清理支出			
借方合计	163 500.00	贷方合计	163 500.00
固定资产清理损失　　金额：10 000 元　大写：壹万元整			

复核：　刘进东　　　　制单：　张一鸣

28-1

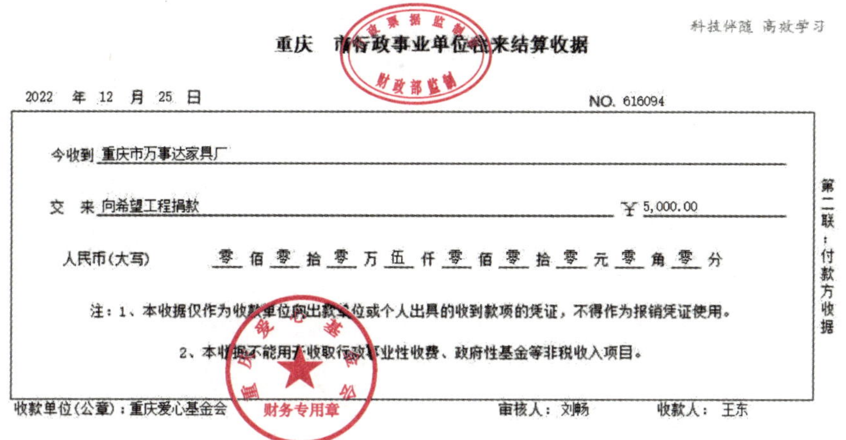

科技伴随 高效学习

重庆　市行政事业单位往来结算收据

2022 年 12 月 25 日　　NO. 616094

今收到 重庆市万事达家具厂

交　来 向希望工程捐款　　￥5,000.00

人民币(大写)　零 佰 零 拾 零 万 伍 仟 零 佰 零 拾 零 元 零 角 零 分

注：1、本收据仅作为收款单位向出款单位或个人出具的收到款项的凭证，不得作为报销凭证使用。

2、本收据不能用于收取行政事业性收费、政府性基金等非税收入项目。

第二联：付款方收据

收款单位(公章)：重庆爱心基金会　　审核人：刘畅　　收款人：王东

28-2

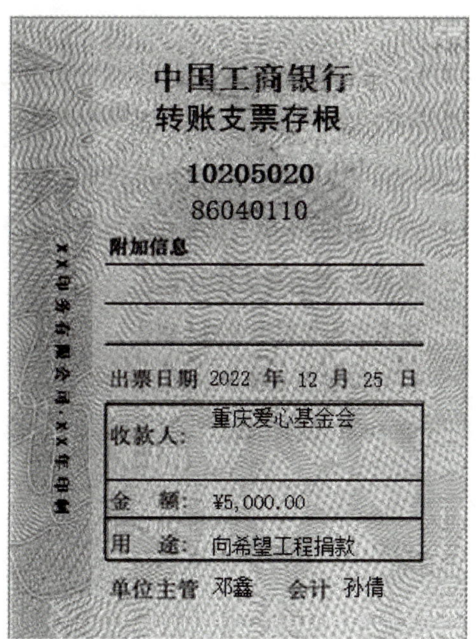

中国工商银行
转账支票存根

10205020
86040110

附加信息

出票日期 2022 年 12 月 25 日

收款人：重庆爱心基金会

金　额：￥5,000.00

用　途：向希望工程捐款

单位主管 邓鑫　会计 孙倩

29-1

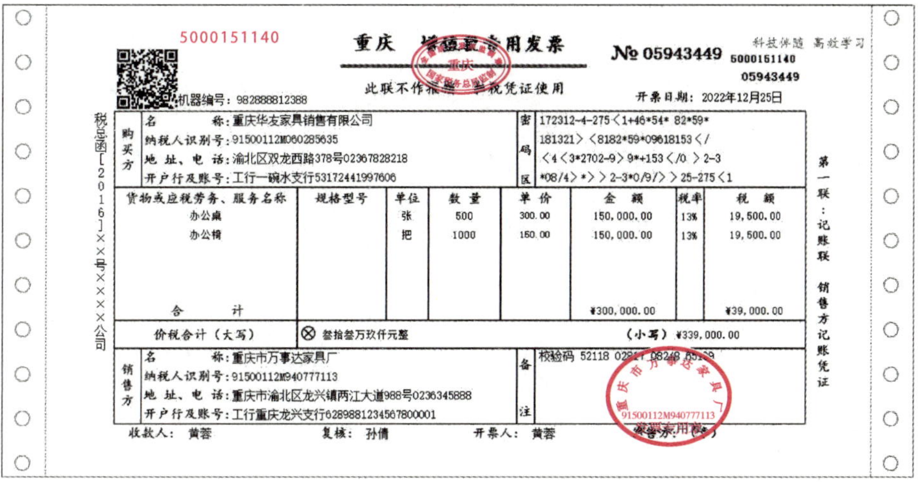

5000151140

重庆增值税专用发票　№ 05943449　5000151140　05943449

此联不作报销、扣税凭证使用　　机器编号：982888812388　　开票日期：2022年12月25日

购买方	名　称：重庆华友家具销售有限公司 纳税人识别号：91500112M060285635 地 址、电 话：渝北区双龙西路378号02367828218 开户行及账号：工行一碗水支行53172441997606	密码区	172312-4-275<1+46*54* 82*59* 181321> <8182*59*09618153</ <4<3*2702-9> 9*+153</0 > 2-3 *08/4>*> > 2-3*0/9/> > 25-275<1

货物或应税劳务、服务名称	规格型号	单位	数量	单价	金额	税率	税额
办公桌		张	500	300.00	150,000.00	13%	19,500.00
办公椅		把	1000	150.00	150,000.00	13%	19,500.00
合　计					¥300,000.00		¥39,000.00
价税合计（大写）	⊗叁拾叁万玖仟元整				（小写）¥339,000.00		

销售方	名　称：重庆市万事达家具厂 纳税人识别号：91500112M940777113 地 址、电 话：重庆市渝北区龙兴镇两江大道988号0236345888 开户行及账号：工行重庆龙兴支行6289881234567800001	备注	校验码 52118 02847 08248 65129

收款人：黄蓉　　复核：孙倩　　开票人：黄蓉　　销售方：（章）

第一联：记账联　销售方记账凭证

税总函[2016]××号×××公司

30-1

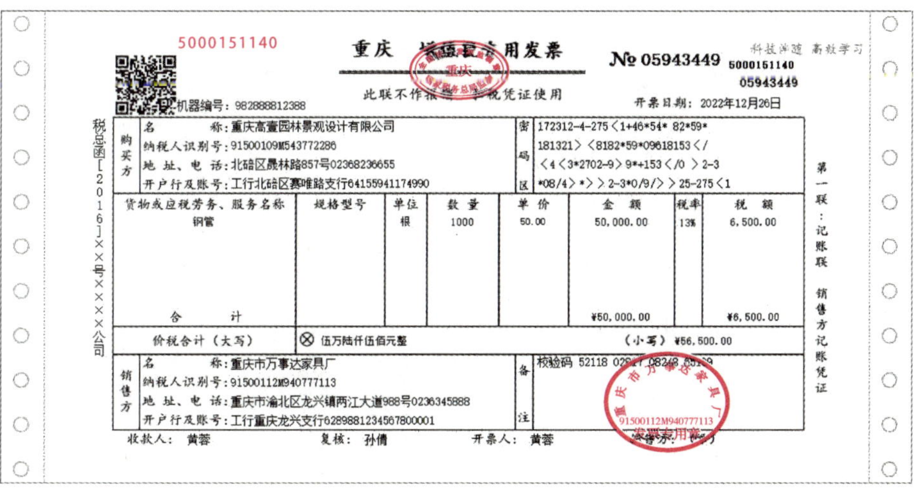

5000151140

重庆增值税专用发票　№ 05943449　5000151140　05943449

此联不作报销、扣税凭证使用　　机器编号：982888812388　　开票日期：2022年12月26日

购买方	名　称：重庆高壹园林景观设计有限公司 纳税人识别号：91500109M543772286 地 址、电 话：北碚区晟林路857号02368236655 开户行及账号：工行北碚区赛唯路支行64155941174990	密码区	172312-4-275<1+46*54* 82*59* 181321> <8182*59*09618153</ <4<3*2702-9> 9*+153</0 > 2-3 *08/4>*> > 2-3*0/9/> > 25-275<1

货物或应税劳务、服务名称	规格型号	单位	数量	单价	金额	税率	税额
钢管		根	1000	50.00	50,000.00	13%	6,500.00
合　计					¥50,000.00		¥6,500.00
价税合计（大写）	⊗伍万陆仟伍佰元整				（小写）¥56,500.00		

销售方	名　称：重庆市万事达家具厂 纳税人识别号：91500112M940777113 地 址、电 话：重庆市渝北区龙兴镇两江大道988号0236345888 开户行及账号：工行重庆龙兴支行6289881234567800001	备注	校验码 52118 02847 08248 65129

收款人：黄蓉　　复核：孙倩　　开票人：黄蓉　　销售方：（章）

第一联：记账联　销售方记账凭证

税总函[2016]××号×××公司

30-2

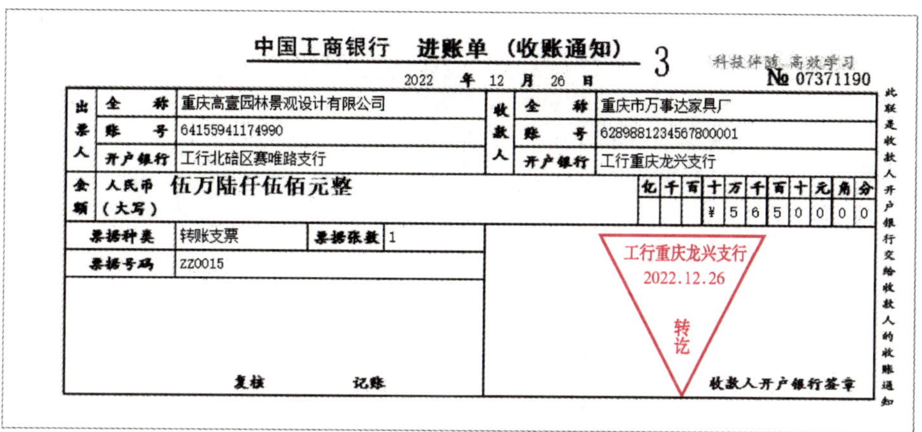

中国工商银行　进账单（收账通知）　3

2022 年 12 月 26 日　　№ 07371190

出票人	全称	重庆高壹园林景观设计有限公司	收款人	全称	重庆市万事达家具厂
	账号	64155941174990		账号	6289881234567800001
	开户银行	工行北碚区赛唯路支行		开户银行	工行重庆龙兴支行
金额	人民币（大写）	伍万陆仟伍佰元整			¥5650000
票据种类	转账支票	票据张数 1			
票据号码	ZZ0015				

复核　记账　　收款人开户银行签章

工行重庆龙兴支行 2022.12.26 转讫

此联是收款人开户银行交给收款人的收账通知

31-1

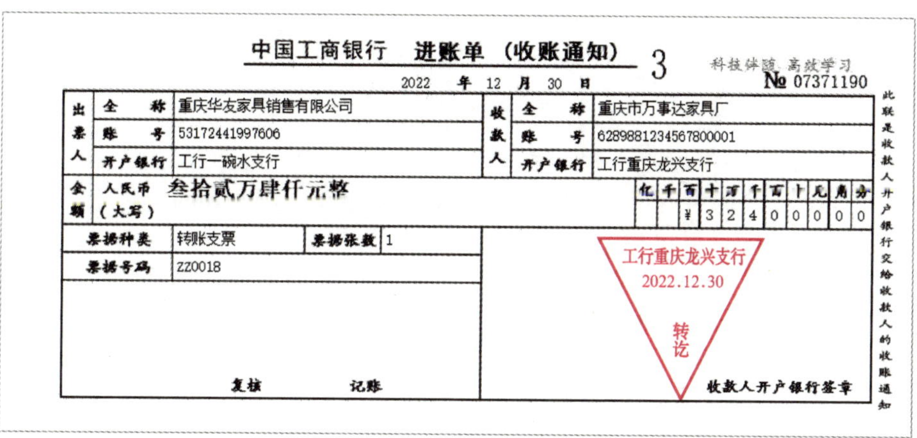

中国工商银行　进账单（收账通知）　3

2022 年 12 月 30 日　　№ 07371190

出票人	全称	重庆华友家具销售有限公司	收款人	全称	重庆市万事达家具厂
	账号	53172441997606		账号	6289881234567800001
	开户银行	工行一碗水支行		开户银行	工行重庆龙兴支行
金额	人民币（大写）	叁拾贰万肆仟元整			¥32400000
票据种类	转账支票	票据张数 1			
票据号码	ZZ0018				

复核　记账　　收款人开户银行签章

工行重庆龙兴支行 2022.12.30 转讫

此联是收款人开户银行交给收款人的收账通知

32-1

产 成 品 出 库 单

用途：**销售**　　2022 年 12 月 31 日　　**No.05002113**

产品名称	规格型号	单位	数量	单价	金额	备注
办公椅		把	**1 000**	**80.00**	**80 000.00**	
办公桌		张	500	200.00	100 000.00	
合计					180 000.00	

第三联会计联

记账：孙倩　　保管：吴故　　制票：吴故

32-2

材 料 出 库 单

购货单位：重庆市国郎园林景观设计有限公司 2022年12月31日　　　　No.05002115

品 名	规格型号	单位	数量	单价	金额	备注
钢管		根	1 000	21.00	21 000.00	
合计					21 000.00	

第一联会计联

记账：孙倩　　保管：吴故　　制票：吴故

33-1

本月增值税计算表

2022 年 12 月 31 日　单位：元

名称	计算过程
增值税	销项-进项=

会计主管：郑实　　复核：郑实　　制单：孙倩

备注：要求计算并结转本月未交增值税。

34-1

税金及附加计算表

2022 年 12 月 31 日　单位：元

名称	计算过程
城建税	增值税 ×7%=
教育费附加	增值税 ×3%=
教育费附加	增值税 ×2%=

会计主管：郑实　　复核：郑实　　制单：孙倩

35-1

工资结算表

科技伴随 高效学习

2022 年 12 月 31 日　　　　单位：元

部门	姓名	基本工资	岗位津贴	奖金	交通补助	应扣工资		应付工资	代扣款项						实发工资
						请假扣款	缺勤扣款		养老保险（8%）	医疗保险（2%）	失业保险（1%）	住房公积金（10%）	个人所得税	合计	
生产部	李平	1,800.00	1,700.00	1,000.00				4,500.00	360.00	90.00	45.00	450.00		945.00	3,555.00
生产部	王五平	1,600.00	1,600.00	1,000.00				4,200.00	336.00	84.00	42.00	420.00		882.00	3318
生产部	吴一凡	1,600.00	1,600.00	1,000.00				4,200.00	336.00	84.00	42.00	420.00		882.00	3318
生产部	王鑫	1,500.00	1,600.00	1,000.00				4,100.00	328.00	82.00	41.00	410.00		861.00	3239
行政部	邓鑫	2,000.00	2,000.00	1,000.00				5,000.00	400.00	100.00	50.00	500.00		1,050.0	3950
财务部	郑实	2,000.00	1,800.00	1,000.00				4,800.00	384.00	96.00	48.00	480.00		1,008.0	3792
财务部	孙倩	1,900.00	1,800.00	1,000.00				4,700.00	376.00	94.00	47.00	470.00		987.00	3713
财务部	黄蓉	1,800.00	1,700.00	1,000.00				4,500.00	360.00	90.00	45.00	450.00		945.00	3555
销售部	王信同	1,800.00	2,000.00	1,200.00				5,000.00	400.00	100.00	50.00	500.00		1,050.0	3950
销售部	吴故	1,500.00	1,800.00	1,200.00				4,500.00	360.00	90.00	45.00	450.00		945.00	3555
销售部	李浩天	1,500.00	1,700.00	1,300.00				4,500.00	360.00	90.00	45.00	450.00		945.00	3555
以下空白									0.00	0.00	0.00	0.00		0.00	0
									0.00	0.00	0.00	0.00		0.00	0
									0.00	0.00	0.00	0.00		0.00	0
									0.00	0.00	0.00	0.00		0.00	0
合计		19,000.00	19,300.00	11,700.00				50,000.00	4,000.0	1,000.00	500.00	5,000.0		10,500.00	39,500.00

总经理：　　财务主管：郑实　　审核：孙倩　　制表：黄蓉

备注：按部门进行工资费用分配。（其中李平和王五平是一车间，吴一凡和王鑫是二车间，无车间管理人员）

36-1

工资结算表

科技伴随 高效学习

2022 年 12 月 31 日　　　　单位：元

部门	姓名	基本工资	岗位津贴	奖金	交通补助	应扣工资		应付工资	代扣款项						实发工资
						请假扣款	缺勤扣款		养老保险（8%）	医疗保险（2%）	失业保险（1%）	住房公积金（10%）	个人所得税	合计	
生产部	李平	1,800.00	1,700.00	1,000.00				4,500.00	360.00	90.00	45.00	450.00		945.00	3,555.00
生产部	王五平	1,600.00	1,600.00	1,000.00				4,200.00	336.00	84.00	42.00	420.00		882.00	3318
生产部	吴一凡	1,600.00	1,600.00	1,000.00				4,200.00	336.00	84.00	42.00	420.00		882.00	3318
生产部	王鑫	1,500.00	1,600.00	1,000.00				4,100.00	328.00	82.00	41.00	410.00		861.00	3239
行政部	邓鑫	2,000.00	2,000.00	1,000.00				5,000.00	400.00	100.00	50.00	500.00		1,050.0	3950
财务部	郑实	2,000.00	1,800.00	1,000.00				4,800.00	384.00	96.00	48.00	480.00		1,008.0	3792
财务部	孙倩	1,900.00	1,800.00	1,000.00				4,700.00	376.00	94.00	47.00	470.00		987.00	3713
财务部	黄蓉	1,800.00	1,700.00	1,000.00				4,500.00	360.00	90.00	45.00	450.00		945.00	3555
销售部	王信同	1,800.00	2,000.00	1,200.00				5,000.00	400.00	100.00	50.00	500.00		1,050.0	3950
销售部	吴故	1,500.00	1,800.00	1,200.00				4,500.00	360.00	90.00	45.00	450.00		945.00	3555
销售部	李浩天	1,500.00	1,700.00	1,300.00				4,500.00	360.00	90.00	45.00	450.00		945.00	3555
以下空白									0.00	0.00	0.00	0.00		0.00	0
									0.00	0.00	0.00	0.00		0.00	0
									0.00	0.00	0.00	0.00		0.00	0
									0.00	0.00	0.00	0.00		0.00	0
合计		19,000.00	19,300.00	11,700.00				50,000.00	4,000.0	1,000.00	500.00	5,000.0		10,500.00	39,500.00

总经理：　　财务主管：郑实　　审核：孙倩　　制表：黄蓉

备注：结算代扣款项。

37-1

五险一金分配表

科技伴随 高效学习

2022 年 12 月 31 日

分配对象	成本项目	计提基数	养老保险（16%）	医疗保险（9%）	失业保险（0.5%）	工伤保险（0.5%）	生育保险（0）	住房公积金（10%）	合计
基本生产车间甲产品	办公桌	8,700.00	1,392.00	783.00	43.50	43.50	0.00	870.00	
基本生产车间-乙产品	办公椅	8,300.00	1,328.00	747.00	41.50	41.50	0.00	830.00	
辅助生产车间-供电车间									
辅助生产车间-供水车间									
制造费用									
销售费用		14,000.00	2,240.00	1,260.00	70.00	70.00	0.00	1,400.00	
管理费用		19,000.00	3,040.00	1,710.00	95.00	95.00	0.00	1,900.00	
合　计		50,000.00	8,000.00	4,500.00	250.00	250.00	0.00	5,000.00	

审核：郑实　　　　制单：孙倩

38-1

科技伴随 高效学习

固定资产折旧汇总表

2022 年 12 月 31 日　　单位：元

使用部门	类别	原值	月折旧率或单位折旧	折旧额
生产部门	厂房	360,000.00	0.00277777	1,000.00
生产部门	设备	120,000.00	0.0083333	1,000.00
非生产部门	办公设备	60,000.00	0.0166666	1,000.00
非生产部门	运输工具	180,000.00	0.00833333	1,500.00
合计				4,500.00

审核：郑实　　　　制单：孙倩

39-1

无形资产摊销计算表

2022 年 12 月 31 日 单位：元

一级科目	明细科目	摊销时间（月）	月利率	原值	摊销金额
无形资产	**商标权**	**120**	**0.8333%**	**96 000**	**800.00**
合计					**￥800.00**

会计主管：郑实　　记账：孙倩　　出纳：　　制单：孙倩

40－1

短期流动资金借款预提利息费用计算表

2022 年 12 月 31 日

借款种类	借款金额	计算时间	月利率	利息金额
流动资金借款	200000.00	1 个月	0.25%	500.00
合计				￥500.00

会计主管：郑实　　记账：孙倩　　出纳：　　制单：孙倩

40－2

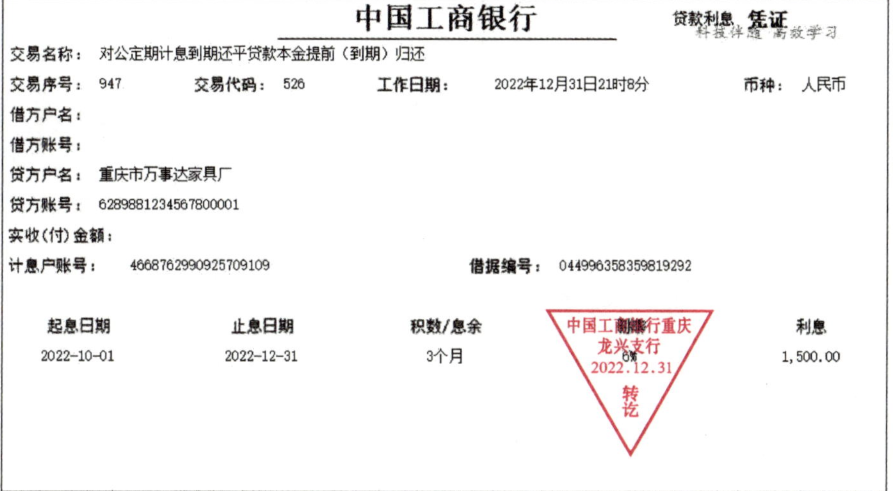

中国工商银行　　贷款利息 凭证

交易名称：对公定期计息到期还平贷款本金提前（到期）归还

交易序号：947　交易代码：526　工作日期：2022年12月31日21时8分　币种：人民币

借方户名：

借方账号：

贷方户名：重庆市万事达家具厂

贷方账号：6289881234567800001

实收(付)金额：

计息户账号：4668762990925709109　借据编号：044996358359819292

起息日期	止息日期	积数/息余		利息
2022-10-01	2022-12-31	3个月	6%	1,500.00

中国工商银行重庆龙兴支行 2022.12.31 转讫

41－1

电　费　费用分配表

2022 年 12 月 31 日

应借科目	成本或费用项目	费用分配		用电度数	金额合计（1.00/度）
		生产工时	分配金额		
制造费用				5500	5500.00
管理费用				1000	1000.00
销售费用				1000	1000.00
合计				7500	7500.00

会计主管：郑实　　复核：郑实　　制单：孙倩

42-1

制造费用分配表

2022 年 12 月 31 日　　　　单位：元

项目		定额工时	制造费用	
			分配率（%）	分配额
生产车间	办公桌	3000		
	办公椅	2000		
合计		5000		

会计主管：郑实　　复核：郑实　　制单：孙倩

43-1

入库产品汇总表

2022 年 12 月 31 日　　　　单位：元

名称	单位	数量	单价	金额									备注
				百	十	万	千	百	十	元	角	分	
办公桌	张	400	147.33			5	8	9	3	2	0	0	
办公椅	把	500	69.38			3	4	6	8	8	0	0	

会计主管：郑实　　复核：郑实　　制单：孙倩

44-1、45-1

本月损益类各账户本期发生额

2022 年 12 月 31 日　单位：元

会计科目	本期发生额（借方）	会计科目	本期发生额（贷方）
主营业务成本		主营业务收入	
税金及附加		营业外收入	
管理费用			
销售费用			
财务费用			
营业外支出			
合计			

会计主管：郑实　　复核：郑实　　制单：孙倩

46-1、47-1

所得税计算表

2022 年 12 月 31 日 单位：元

项目	本年度利润总额	所得税率	本年度预交所得税
金额		25%	
合计			

会计主管：郑实　　复核：郑实　　制单：孙倩

48. 结转本年实现的净利润。

49-1

2022年度盈余公积和利润分配方案

编制单位：重庆万达家具厂　　2022 年 12 月 31 日　　单位：元

项目	分配比例	金额
本年净利润		
计提盈余公积	10%	
分配股利	50%	

50. 将利润分配各明细账结转入利润分配——未分配利润账户。

任务五　实务流程

一、期初建账

期初建账是会计核算的起点，所以说万事开头难。

（一）期初建账的内容

1. 结转上期余额

在每个会计期初，都应将上期各账户的余额过入本期各账簿中，作为本期期初余额。

2. 开设的账簿

一般有现金日记账、银行存款日记账、明细账及总账。

（二）期初建账的注意事项

（1）要有期初余额的才开设，同时要留有余地。

（2）日期应是月初 1 日，摘要为“期初余额”。

（3）金额要填写在“余额”栏内，不要填错位置。

（三）期初建账实操：见后“三”和“五”的账簿

二、填制记账凭证

（一）填制凭证的注意事项

（1）先根据案例给的原始凭证进行审核，选择记账凭证。

（2）填制记账凭证的步骤

① 分析原始凭证的经济业务，想好账户及方向；②填写记账凭证；③检查记账凭证的真实性和完整性；④审核记账凭证。

（二）本业务需要的空白记账凭证

指导学生根据业务的原始凭证来完成。

业务 1.

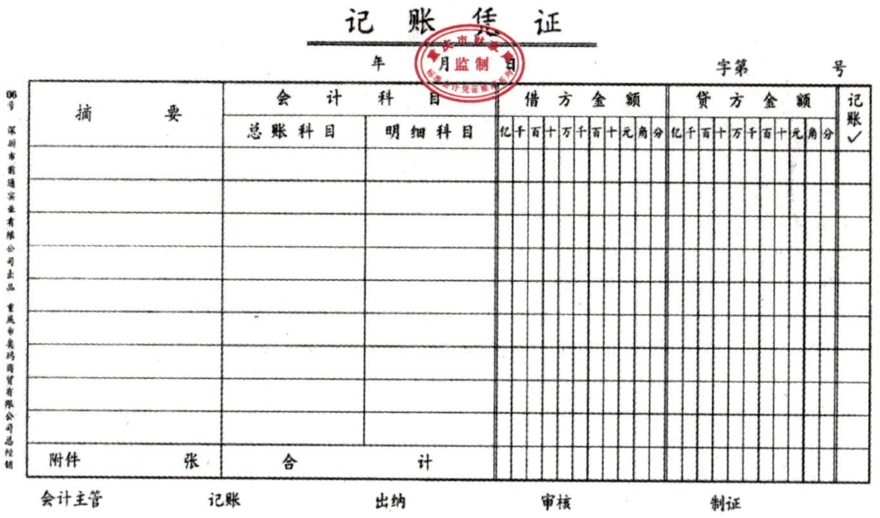

记　账　凭　证

年　月　日　　　　字第　　号

摘　要	会计科目		借方金额	贷方金额	记账
	总账科目	明细科目	亿千百十万千百十元角分	亿千百十万千百十元角分	✓
附件　张	合　计				

会计主管　记账　出纳　审核　制证

业务 2.

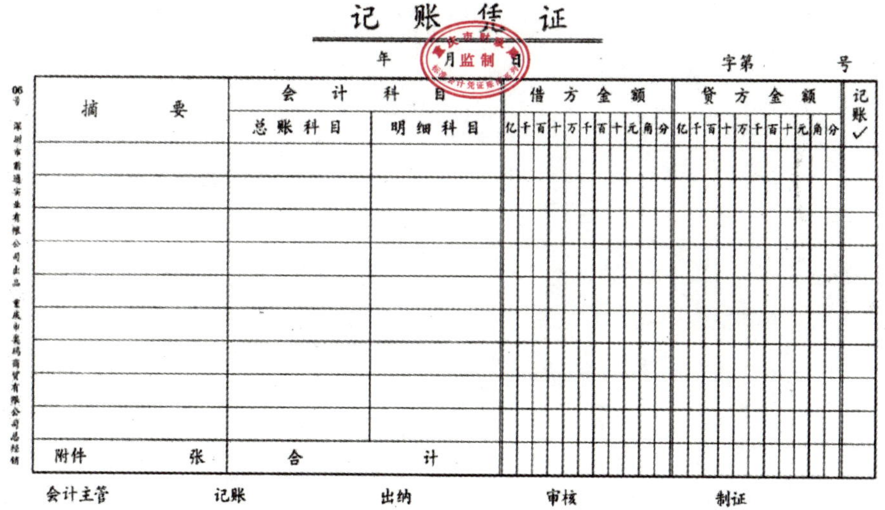

记　账　凭　证

年　月　日　　　　字第　　号

摘　要	会计科目		借方金额	贷方金额	记账
	总账科目	明细科目	亿千百十万千百十元角分	亿千百十万千百十元角分	✓
附件　张	合　计				

会计主管　记账　出纳　审核　制证

业务 3.

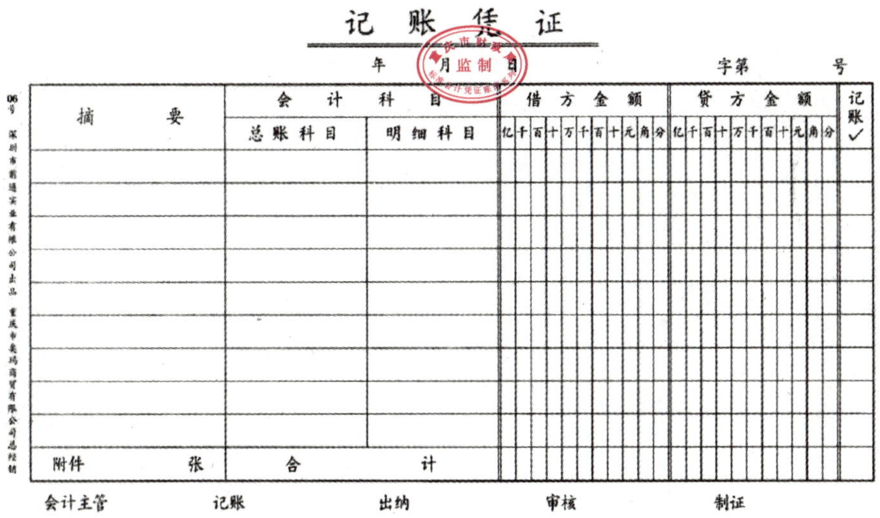

记　账　凭　证

年　　月　　日　　　　　　　　　字第　　　号

摘　要	会计科目		借方金额											贷方金额											记账
	总账科目	明细科目	亿	千	百	十	万	千	百	十	元	角	分	亿	千	百	十	万	千	百	十	元	角	分	✓
附件　张	合计																								

会计主管　　记账　　出纳　　审核　　制证

业务 4.

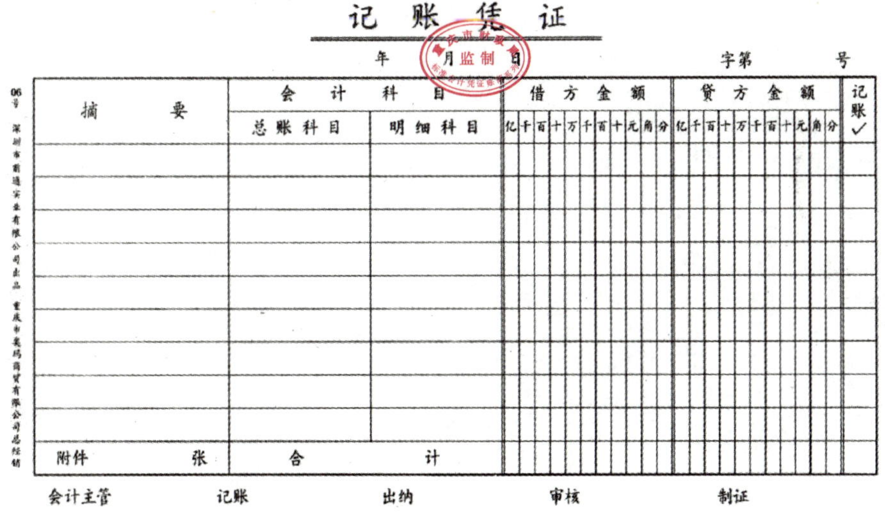

记　账　凭　证

年　　月　　日　　　　　　　　　字第　　　号

摘　要	会计科目		借方金额											贷方金额											记账
	总账科目	明细科目	亿	千	百	十	万	千	百	十	元	角	分	亿	千	百	十	万	千	百	十	元	角	分	✓
附件　张	合计																								

会计主管　　记账　　出纳　　审核　　制证

业务 5.

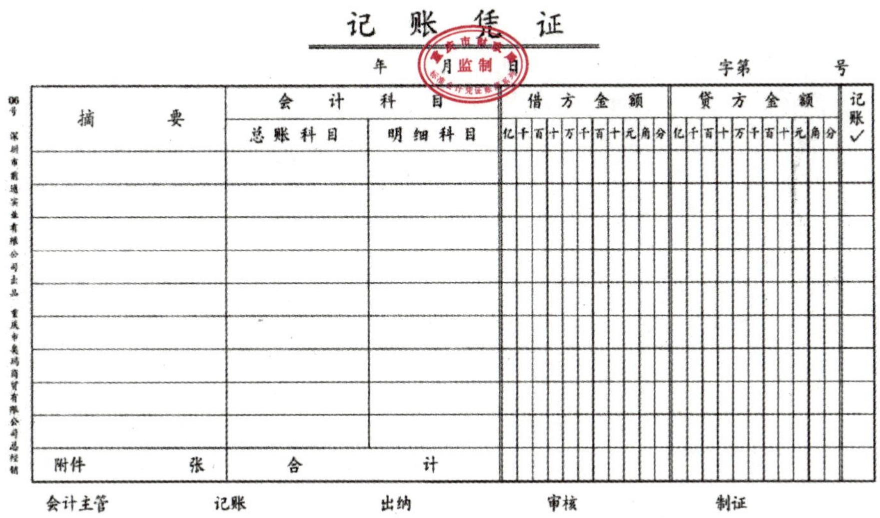

记 账 凭 证

年 月 日 字第 号

摘要	会计科目		借方金额											贷方金额											记账✓
	总账科目	明细科目	亿	千	百	十	万	千	百	十	元	角	分	亿	千	百	十	万	千	百	十	元	角	分	
附件 张	合计																								

会计主管 记账 出纳 审核 制证

业务 6.

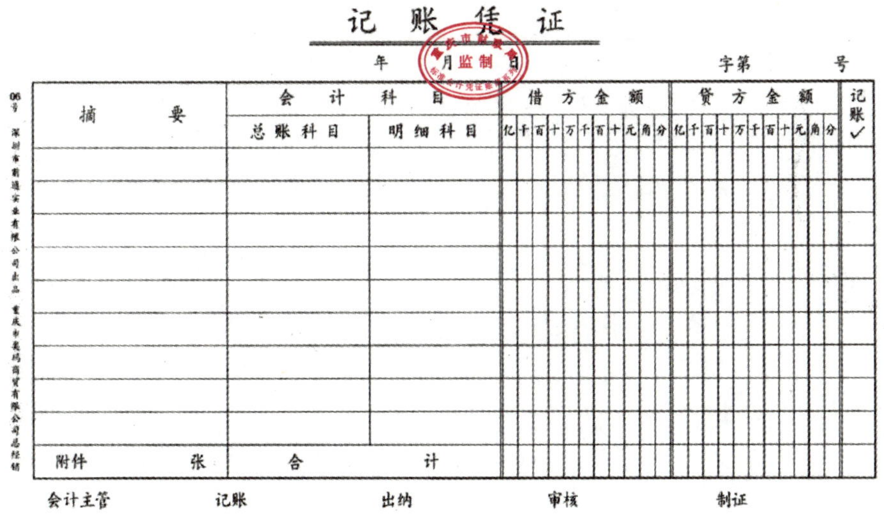

记 账 凭 证

年 月 日 字第 号

摘要	会计科目		借方金额											贷方金额											记账✓
	总账科目	明细科目	亿	千	百	十	万	千	百	十	元	角	分	亿	千	百	十	万	千	百	十	元	角	分	
附件 张	合计																								

会计主管 记账 出纳 审核 制证

业务 7.

记　账　凭　证

年　月　日　　　　字第　号

06号 深圳市蔚通实业有限公司出品 重庆市美玛商贸有限公司总经销

摘要	会计科目		借方金额											贷方金额											记账
	总账科目	明细科目	亿	千	百	十	万	千	百	十	元	角	分	亿	千	百	十	万	千	百	十	元	角	分	✓
附件　张	合计																								

会计主管　　记账　　出纳　　审核　　制证

业务 8.

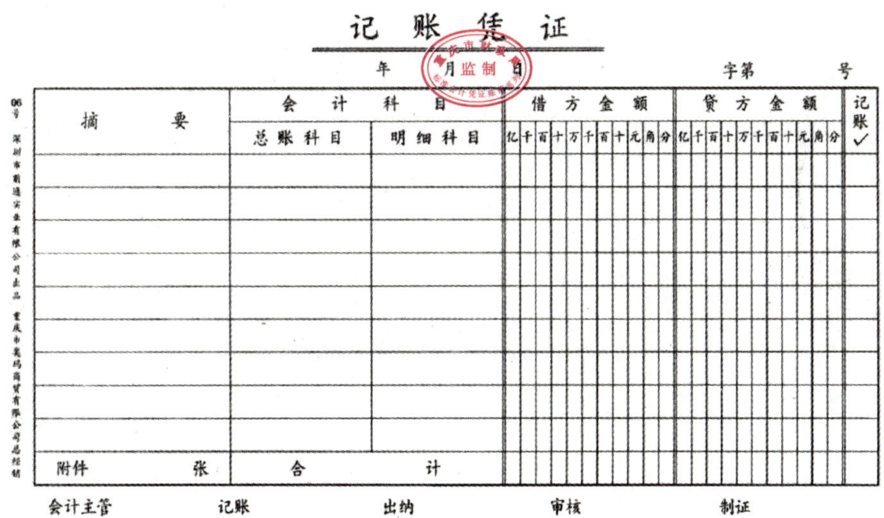

记　账　凭　证

年　月　日　　　　字第　号

06号 深圳市蔚通实业有限公司出品 重庆市美玛商贸有限公司总经销

摘要	会计科目		借方金额											贷方金额											记账
	总账科目	明细科目	亿	千	百	十	万	千	百	十	元	角	分	亿	千	百	十	万	千	百	十	元	角	分	✓
附件　张	合计																								

会计主管　　记账　　出纳　　审核　　制证

业务 9.

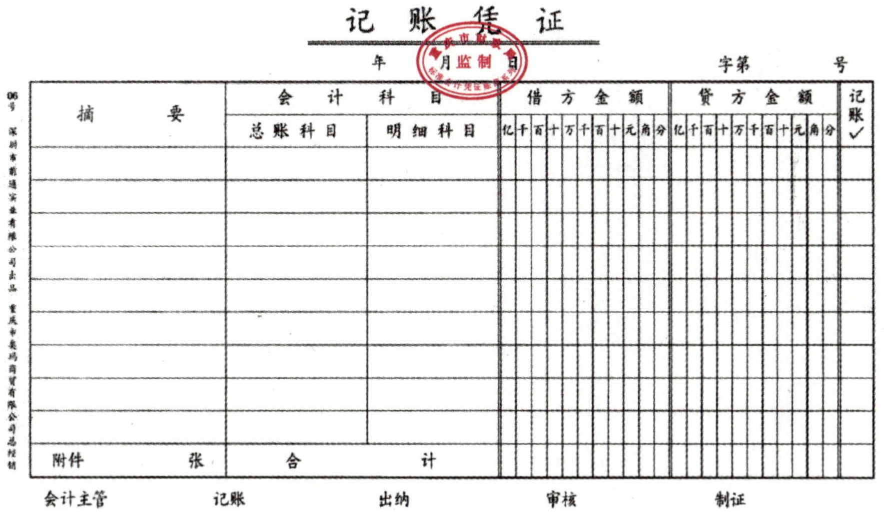

记账凭证

年　月　日　　　　字第　号

摘要	会计科目		借方金额											贷方金额											记账✓
	总账科目	明细科目	亿	千	百	十	万	千	百	十	元	角	分	亿	千	百	十	万	千	百	十	元	角	分	
附件　张	合计																								

会计主管　　记账　　出纳　　审核　　制证

业务 10.

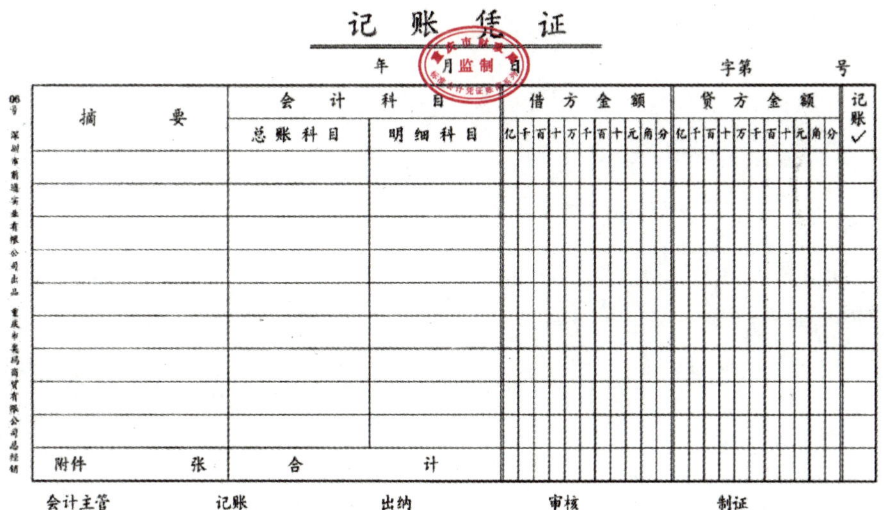

记账凭证

年　月　日　　　　字第　号

摘要	会计科目		借方金额											贷方金额											记账✓
	总账科目	明细科目	亿	千	百	十	万	千	百	十	元	角	分	亿	千	百	十	万	千	百	十	元	角	分	
附件　张	合计																								

会计主管　　记账　　出纳　　审核　　制证

业务 11.

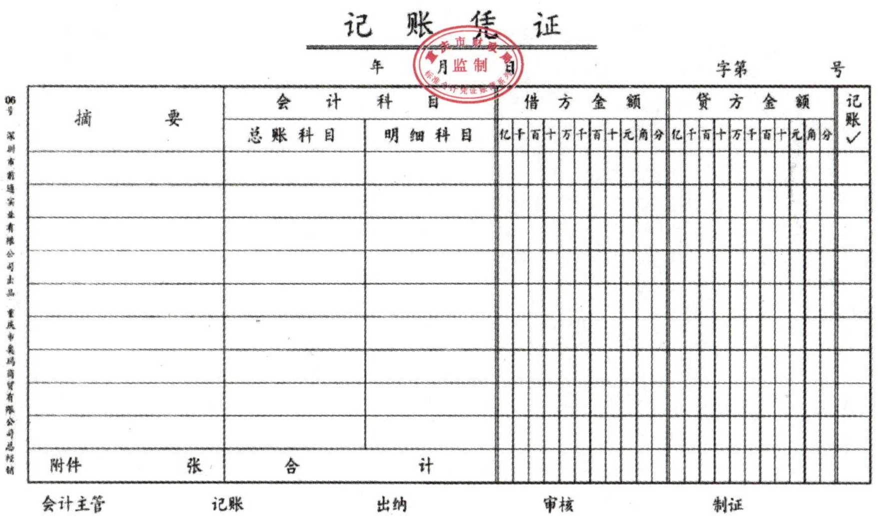

记 账 凭 证

年　月　日　　　　字第　　号

摘要	会计科目		借方金额	贷方金额	记账✓
	总账科目	明细科目	亿千百十万千百十元角分	亿千百十万千百十元角分	
附件　张	合　计				

会计主管　记账　出纳　审核　制证

业务 12.

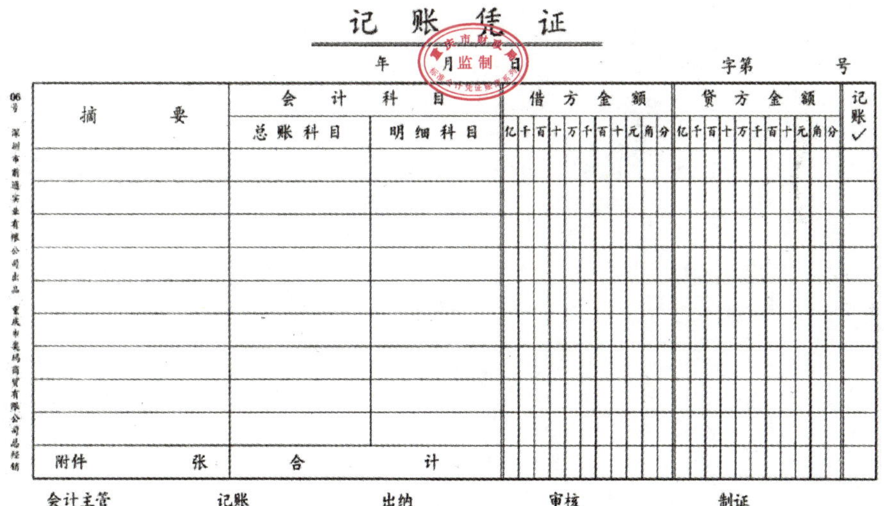

记 账 凭 证

年　月　日　　　　字第　　号

摘要	会计科目		借方金额	贷方金额	记账✓
	总账科目	明细科目	亿千百十万千百十元角分	亿千百十万千百十元角分	
附件　张	合　计				

会计主管　记账　出纳　审核　制证

业务 13.

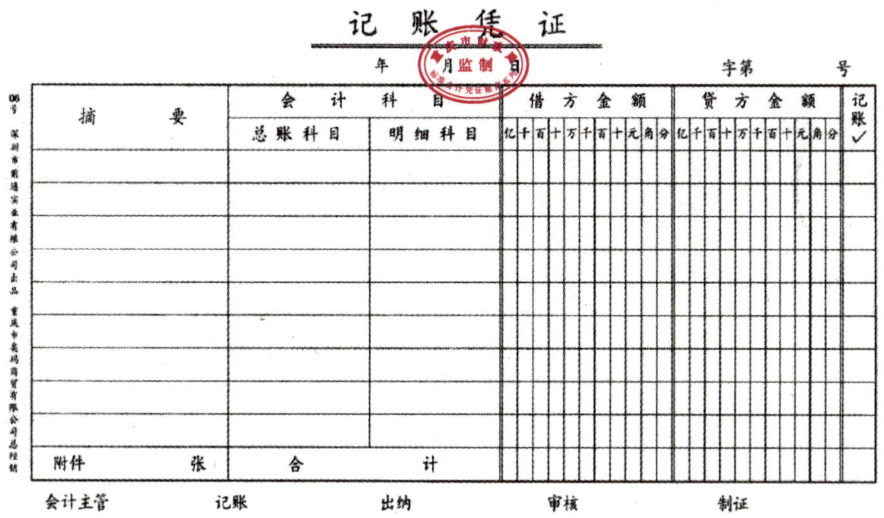

记 账 凭 证

年 月 日　　字第 号

摘 要	会 计 科 目		借 方 金 额											贷 方 金 额											记账✓
	总账科目	明细科目	亿	千	百	十	万	千	百	十	元	角	分	亿	千	百	十	万	千	百	十	元	角	分	
附件 张	合 计																								

会计主管　记账　出纳　审核　制证

业务 14.

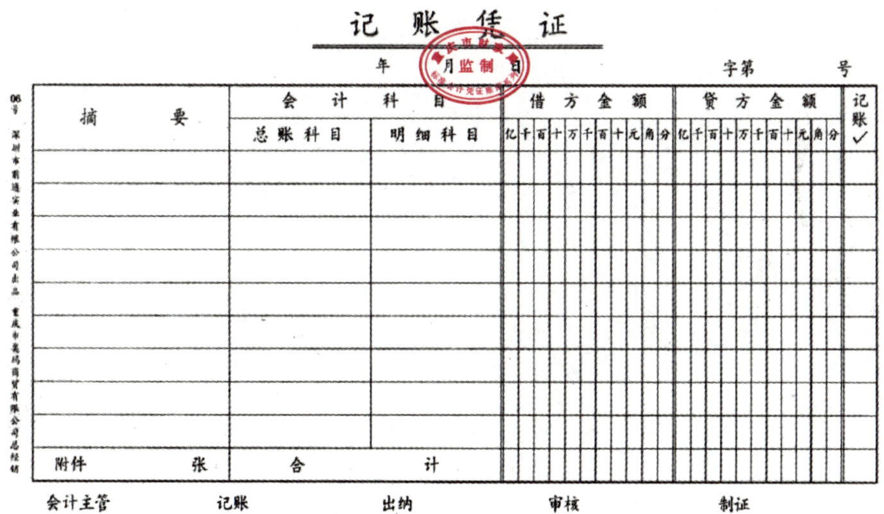

记 账 凭 证

年 月 日　　字第 号

摘 要	会 计 科 目		借 方 金 额											贷 方 金 额											记账✓
	总账科目	明细科目	亿	千	百	十	万	千	百	十	元	角	分	亿	千	百	十	万	千	百	十	元	角	分	
附件 张	合 计																								

会计主管　记账　出纳　审核　制证

业务 15.

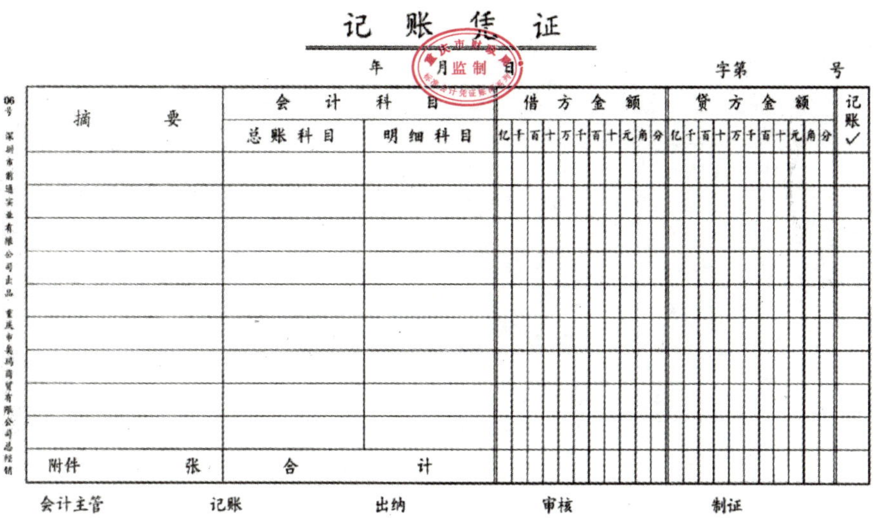

记　账　凭　证

年　　月　　日　　　　　　　　字第　　　号

摘　要	会计科目		借方金额	贷方金额	记账
	总账科目	明细科目	亿千百十万千百十元角分	亿千百十万千百十元角分	✓
附件　　张	合　　计				

会计主管　　记账　　出纳　　审核　　制证

业务 16.

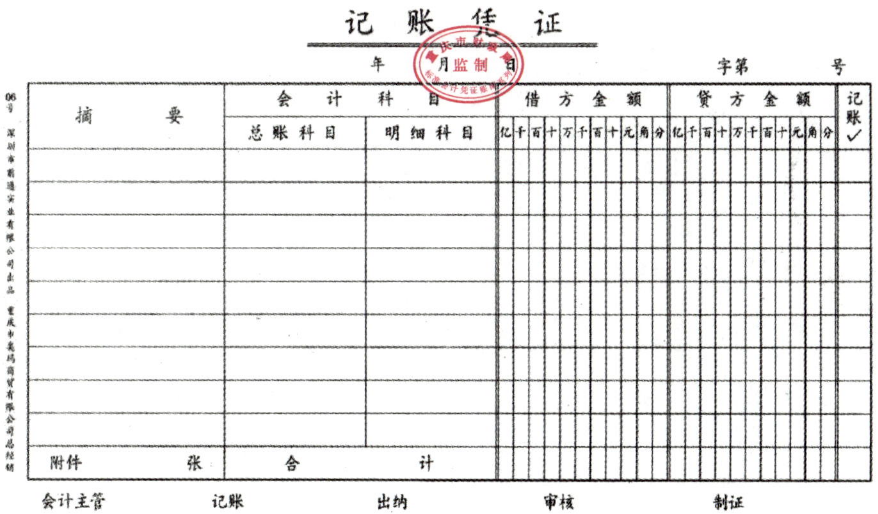

记　账　凭　证

年　　月　　日　　　　　　　　字第　　　号

摘　要	会计科目		借方金额	贷方金额	记账
	总账科目	明细科目	亿千百十万千百十元角分	亿千百十万千百十元角分	✓
附件　　张	合　　计				

会计主管　　记账　　出纳　　审核　　制证

业务 17.

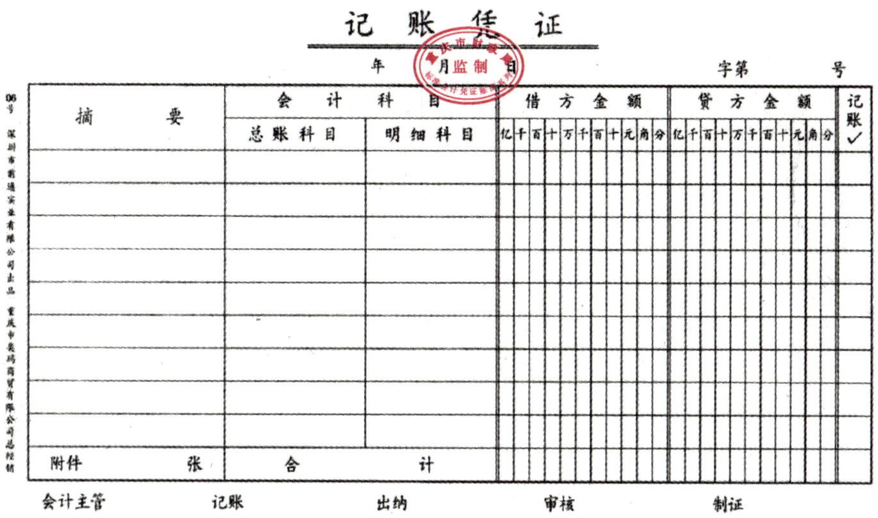

记　账　凭　证

年　月　日　　　　　　字第　　号

摘　要	会计科目		借方金额											贷方金额											记账
	总账科目	明细科目	亿	千	百	十	万	千	百	十	元	角	分	亿	千	百	十	万	千	百	十	元	角	分	✓
附件　张	合　计																								

会计主管　　记账　　出纳　　审核　　制证

业务 18.

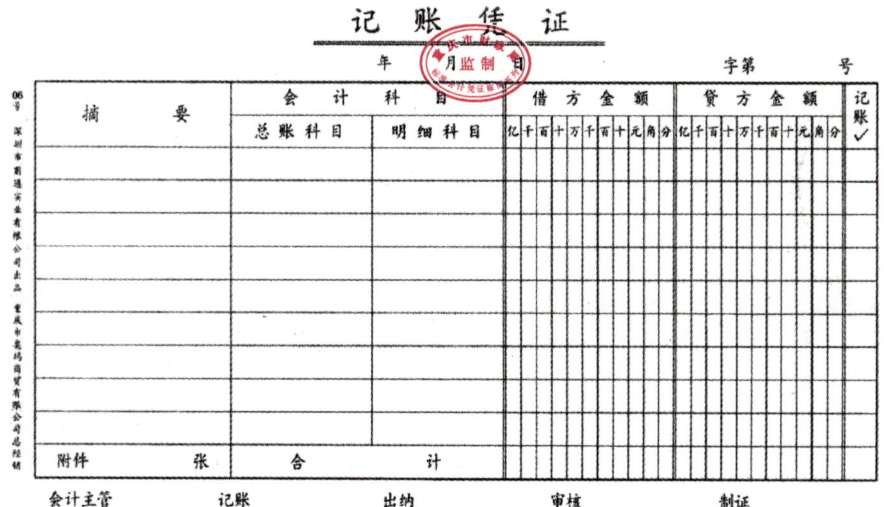

记　账　凭　证

年　月　日　　　　　　字第　　号

摘　要	会计科目		借方金额											贷方金额											记账
	总账科目	明细科目	亿	千	百	十	万	千	百	十	元	角	分	亿	千	百	十	万	千	百	十	元	角	分	✓
附件　张	合　计																								

会计主管　　记账　　出纳　　审核　　制证

业务 19.

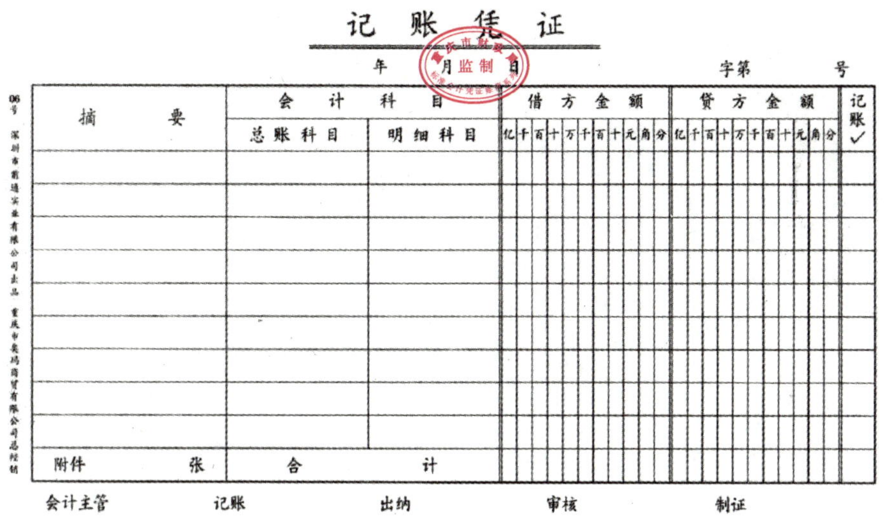

记　账　凭　证

年　　月　　日　　　　　　　　字第　　　号

摘　要	会计科目		借方金额	贷方金额	记账
	总账科目	明细科目	亿千百十万千百十元角分	亿千百十万千百十元角分	✓
附件　张	合　计				

会计主管　　记账　　出纳　　审核　　制证

业务 20.

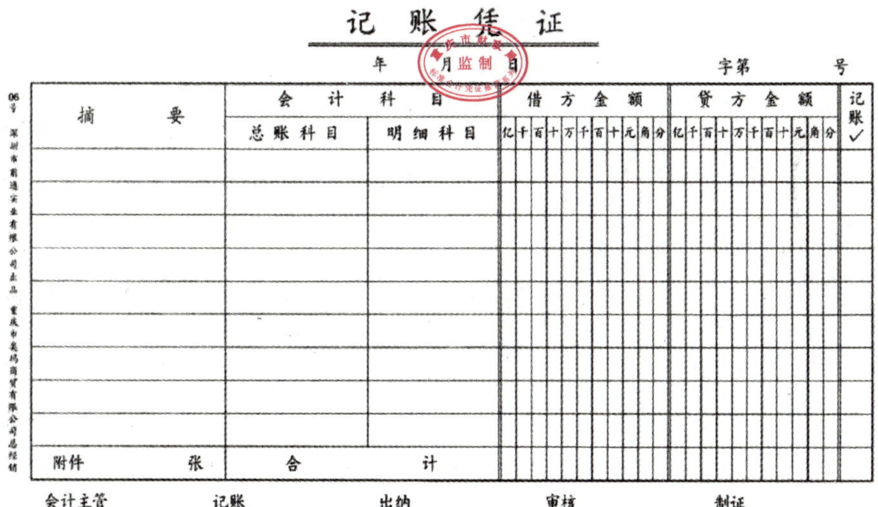

记　账　凭　证

年　　月　　日　　　　　　　　字第　　　号

摘　要	会计科目		借方金额	贷方金额	记账
	总账科目	明细科目	亿千百十万千百十元角分	亿千百十万千百十元角分	✓
附件　张	合　计				

会计主管　　记账　　出纳　　审核　　制证

业务 21.

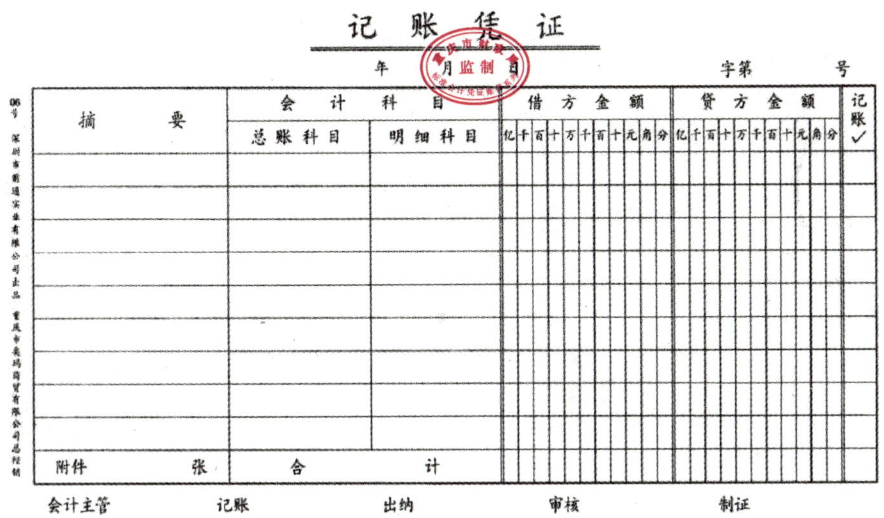

记 账 凭 证

年 月 日 字第 号

摘要	会计科目		借方金额											贷方金额											记账 ✓
	总账科目	明细科目	亿	千	百	十	万	千	百	十	元	角	分	亿	千	百	十	万	千	百	十	元	角	分	
附件 张	合计																								

会计主管 记账 出纳 审核 制证

业务 22.

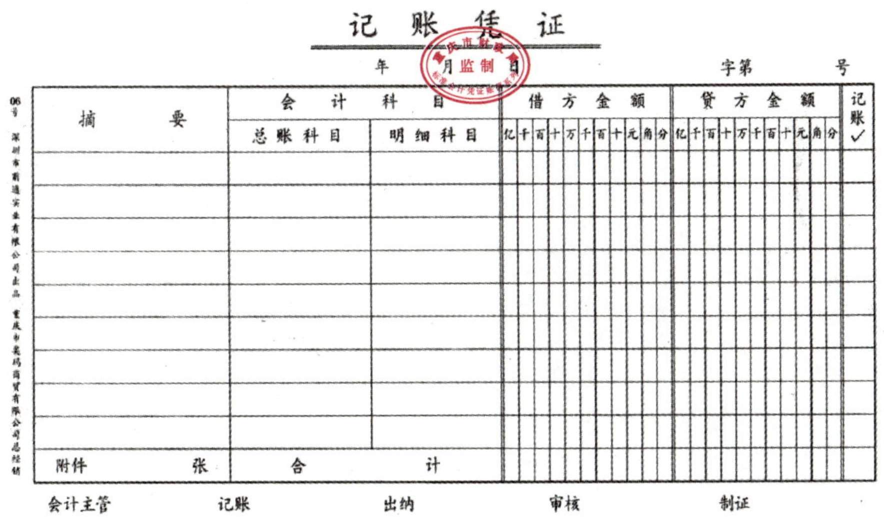

记 账 凭 证

年 月 日 字第 号

摘要	会计科目		借方金额											贷方金额											记账 ✓
	总账科目	明细科目	亿	千	百	十	万	千	百	十	元	角	分	亿	千	百	十	万	千	百	十	元	角	分	
附件 张	合计																								

会计主管 记账 出纳 审核 制证

业务 23.

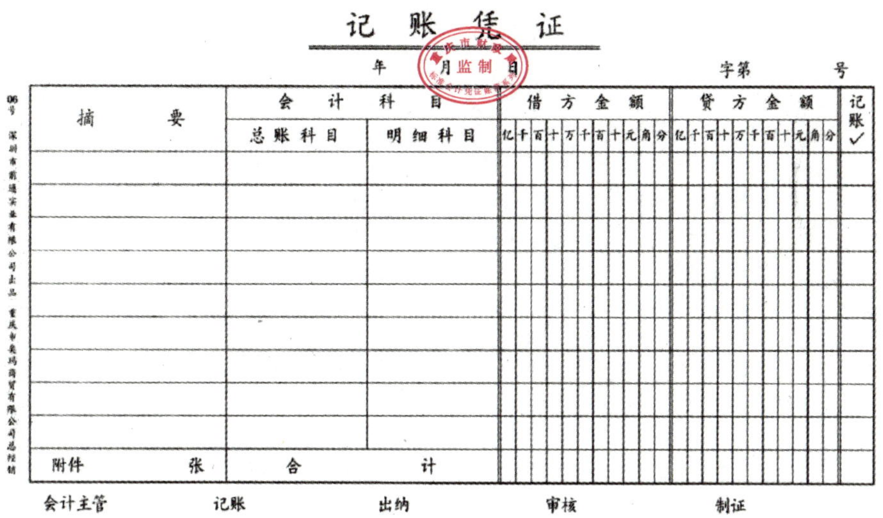

记 账 凭 证

年 月 日 字第 号

摘要	会计科目		借方金额											贷方金额											记账 ✓
	总账科目	明细科目	亿	千	百	十	万	千	百	十	元	角	分	亿	千	百	十	万	千	百	十	元	角	分	
附件 张	合计																								

会计主管 记账 出纳 审核 制证

业务 24.

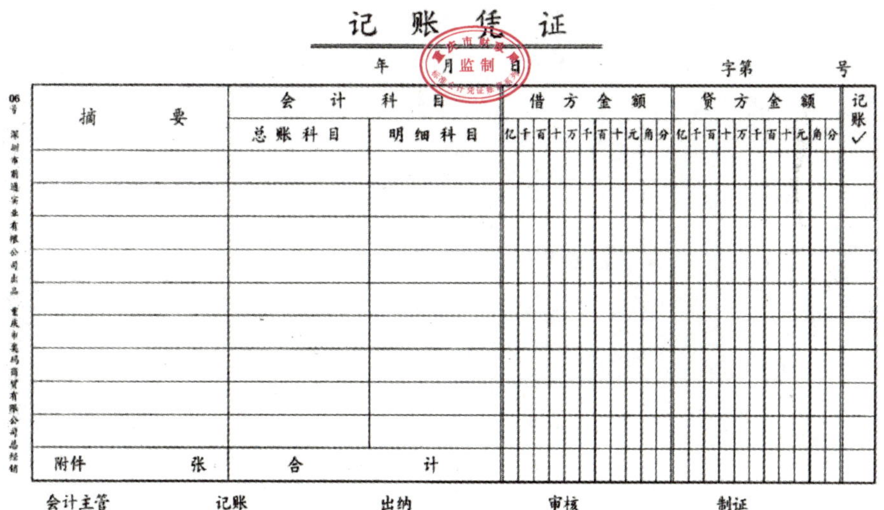

记 账 凭 证

年 月 日 字第 号

摘要	会计科目		借方金额											贷方金额											记账 ✓
	总账科目	明细科目	亿	千	百	十	万	千	百	十	元	角	分	亿	千	百	十	万	千	百	十	元	角	分	
附件 张	合计																								

会计主管 记账 出纳 审核 制证

业务 25.

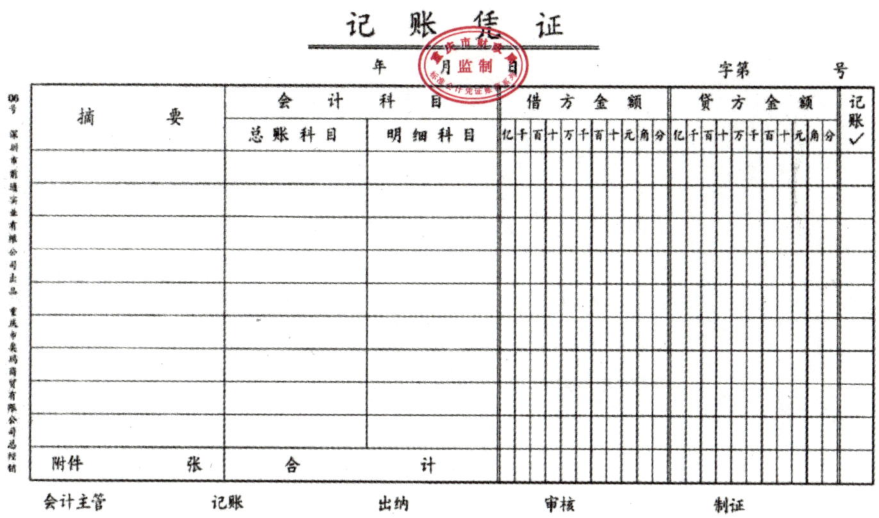

记　账　凭　证

年　月　日　　　　字第　　号

摘要	会计科目		借方金额											贷方金额											记账✓
	总账科目	明细科目	亿	千	百	十	万	千	百	十	元	角	分	亿	千	百	十	万	千	百	十	元	角	分	
附件　张	合计																								

会计主管　　记账　　出纳　　审核　　制证

业务 26.

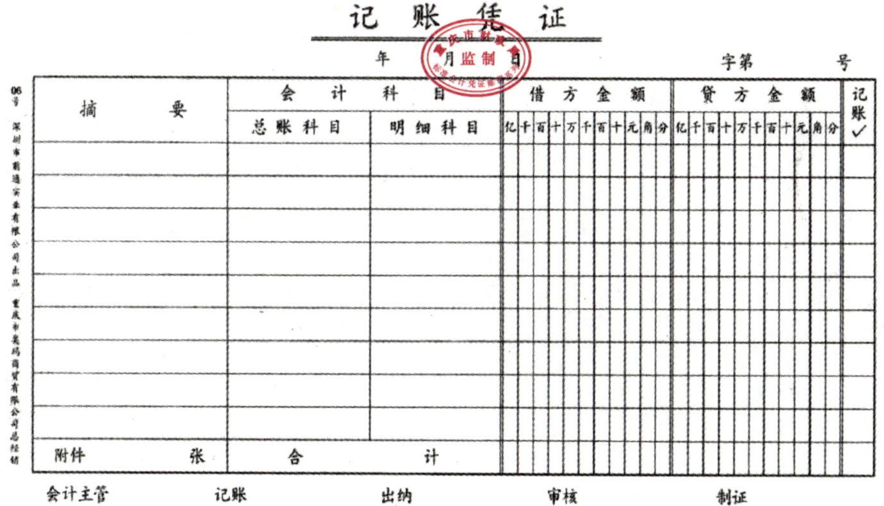

记　账　凭　证

年　月　日　　　　字第　　号

摘要	会计科目		借方金额											贷方金额											记账✓
	总账科目	明细科目	亿	千	百	十	万	千	百	十	元	角	分	亿	千	百	十	万	千	百	十	元	角	分	
附件　张	合计																								

会计主管　　记账　　出纳　　审核　　制证

业务 27.

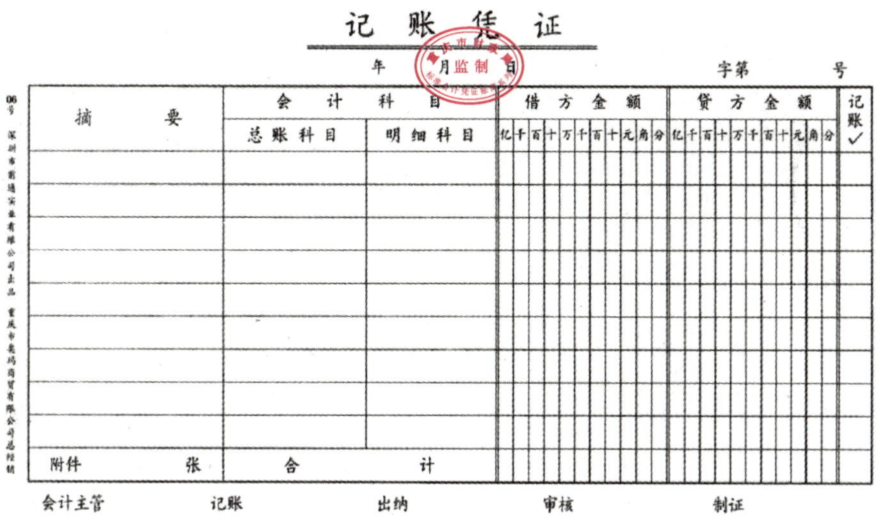

记 账 凭 证

年 月 日　　　　字第　　号

摘要	会计科目		借方金额											贷方金额											记账
	总账科目	明细科目	亿	千	百	十	万	千	百	十	元	角	分	亿	千	百	十	万	千	百	十	元	角	分	✓
附件　张	合计																								

会计主管　　记账　　出纳　　审核　　制证

业务 28.

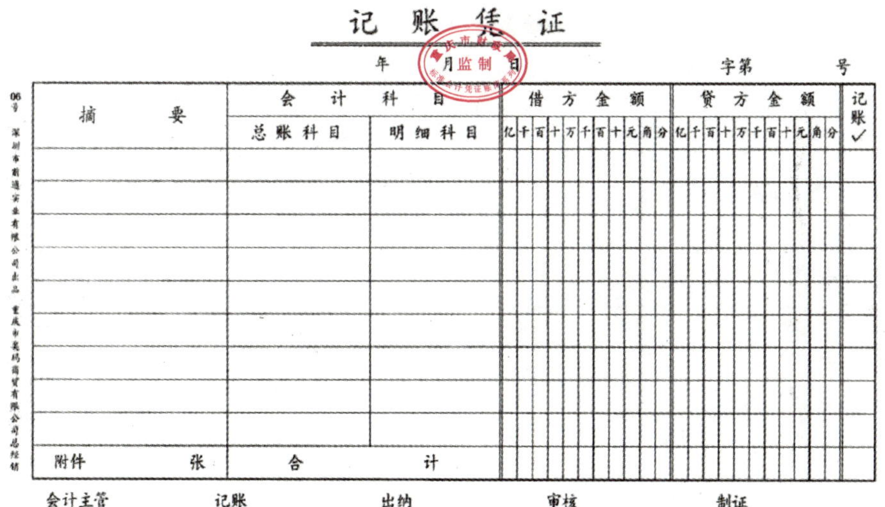

记 账 凭 证

年 月 日　　　　字第　　号

摘要	会计科目		借方金额											贷方金额											记账
	总账科目	明细科目	亿	千	百	十	万	千	百	十	元	角	分	亿	千	百	十	万	千	百	十	元	角	分	✓
附件　张	合计																								

会计主管　　记账　　出纳　　审核　　制证

业务 29.

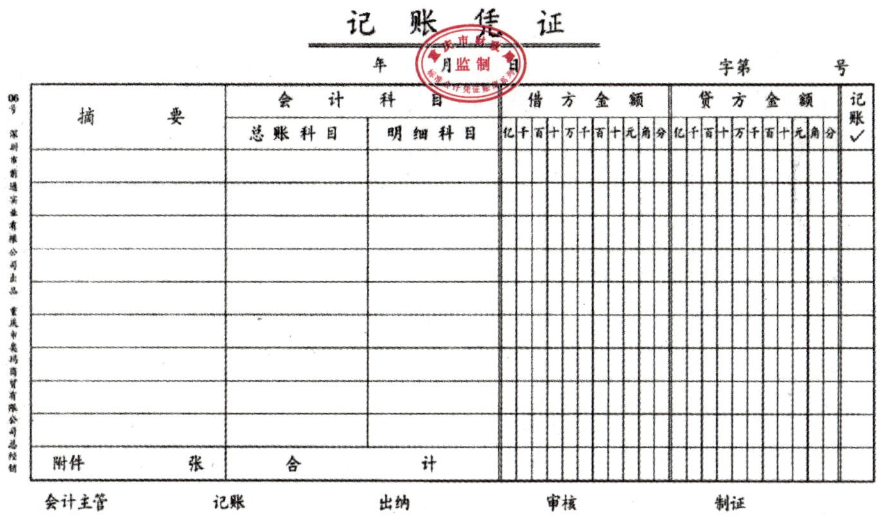

记 账 凭 证

年　月　日　　　　字第　　号

摘要	会计科目		借方金额	贷方金额	记账
	总账科目	明细科目	亿千百十万千百十元角分	亿千百十万千百十元角分	✓
附件　张	合计				

会计主管　　记账　　出纳　　审核　　制证

业务 30.

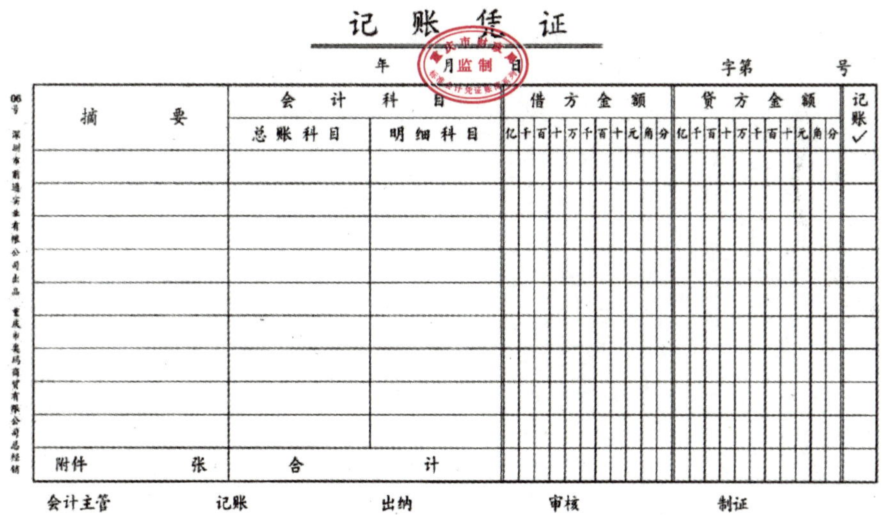

记 账 凭 证

年　月　日　　　　字第　　号

摘要	会计科目		借方金额	贷方金额	记账
	总账科目	明细科目	亿千百十万千百十元角分	亿千百十万千百十元角分	✓
附件　张	合计				

会计主管　　记账　　出纳　　审核　　制证

业务 31.

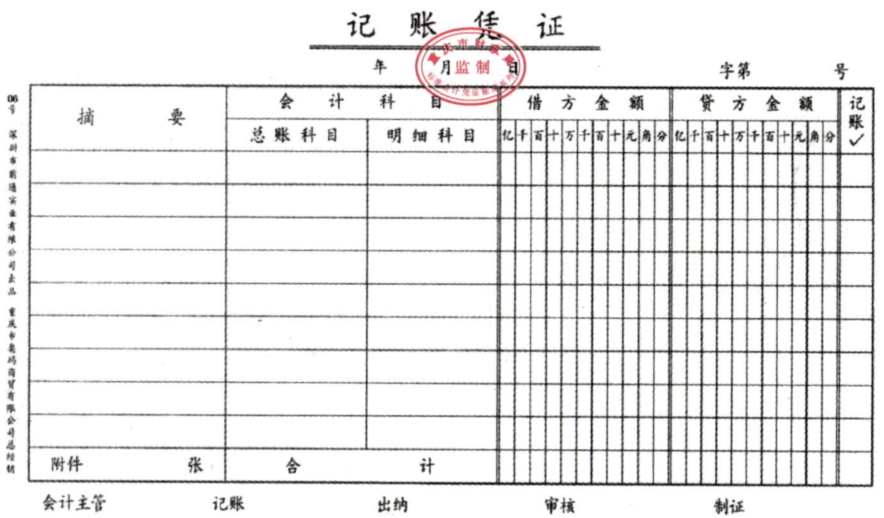

记 账 凭 证

年 月 日　　　　字第　　号

摘要	会计科目		借方金额											贷方金额											记账
	总账科目	明细科目	亿	千	百	十	万	千	百	十	元	角	分	亿	千	百	十	万	千	百	十	元	角	分	✓
附件　张	合计																								

会计主管　记账　出纳　审核　制证

业务 32.

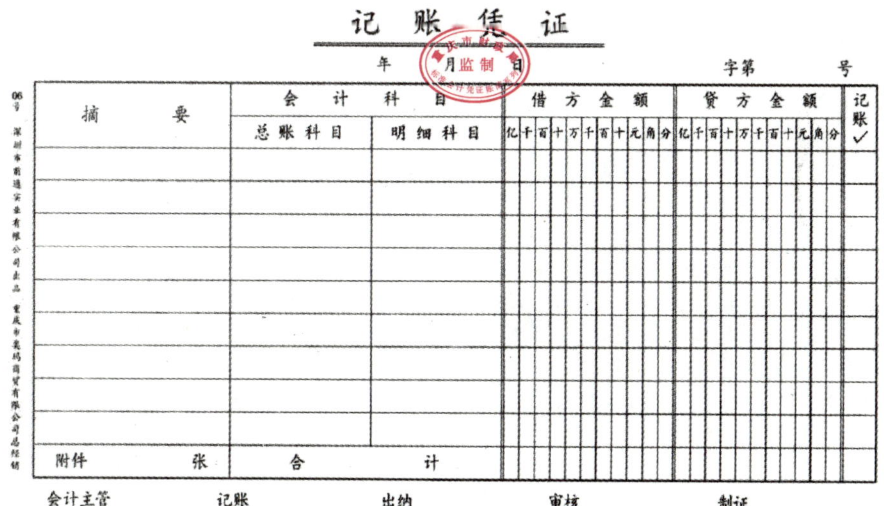

记 账 凭 证

年 月 日　　　　字第　　号

摘要	会计科目		借方金额											贷方金额											记账
	总账科目	明细科目	亿	千	百	十	万	千	百	十	元	角	分	亿	千	百	十	万	千	百	十	元	角	分	✓
附件　张	合计																								

会计主管　记账　出纳　审核　制证

业务 33.

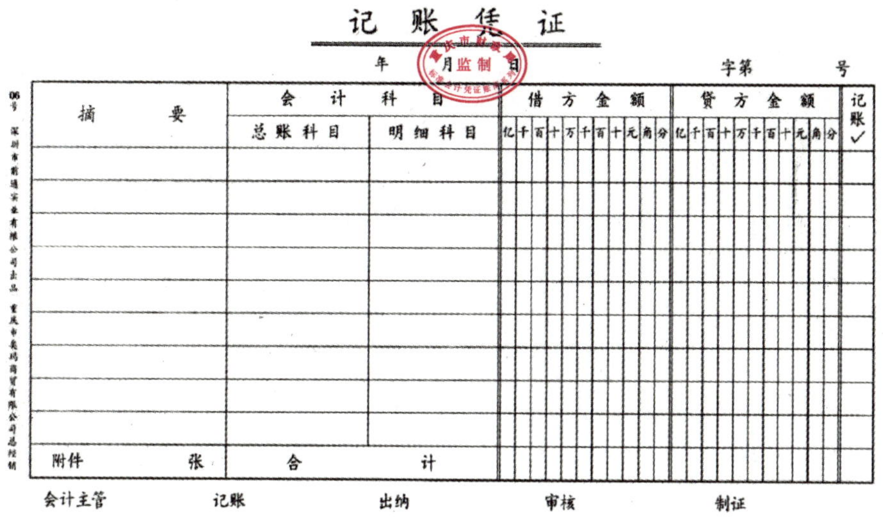

记 账 凭 证

年　月　日　　　　字第　　号

摘要	会计科目		借方金额											贷方金额											记账
	总账科目	明细科目	亿	千	百	十	万	千	百	十	元	角	分	亿	千	百	十	万	千	百	十	元	角	分	✓
附件　张	合计																								

会计主管　　记账　　出纳　　审核　　制证

业务 34.

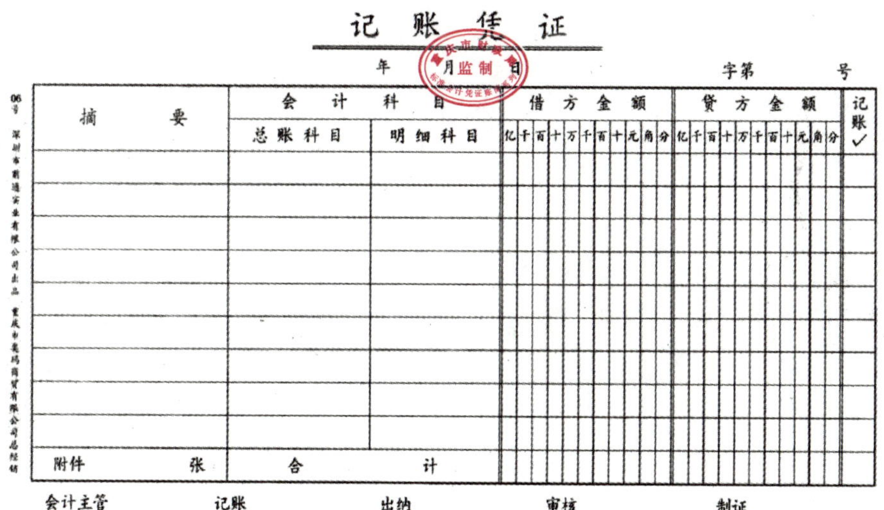

记 账 凭 证

年　月　日　　　　字第　　号

摘要	会计科目		借方金额											贷方金额											记账
	总账科目	明细科目	亿	千	百	十	万	千	百	十	元	角	分	亿	千	百	十	万	千	百	十	元	角	分	✓
附件　张	合计																								

会计主管　　记账　　出纳　　审核　　制证

业务 35.

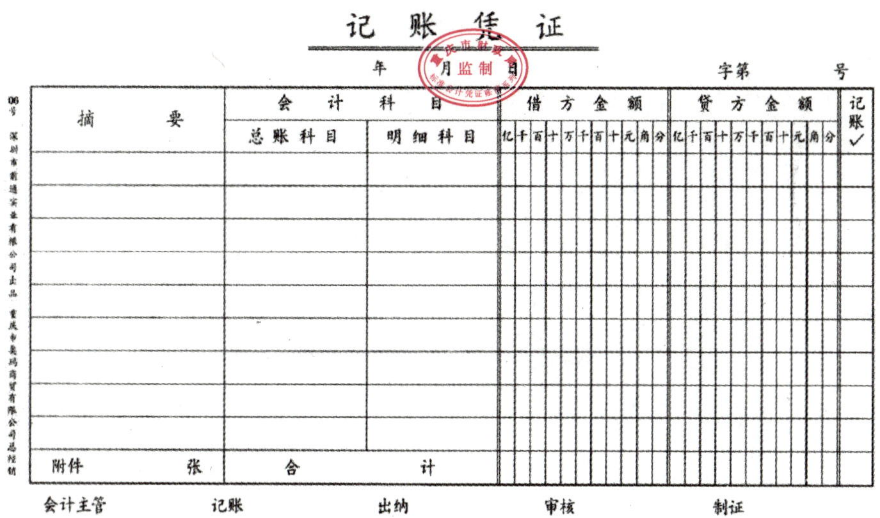

记 账 凭 证

年　月　日　　　　字第　　号

06号

摘要	会计科目		借方金额											贷方金额											记账
	总账科目	明细科目	亿	千	百	十	万	千	百	十	元	角	分	亿	千	百	十	万	千	百	十	元	角	分	✓
附件　张	合计																								

会计主管　　记账　　出纳　　审核　　制证

业务 36.

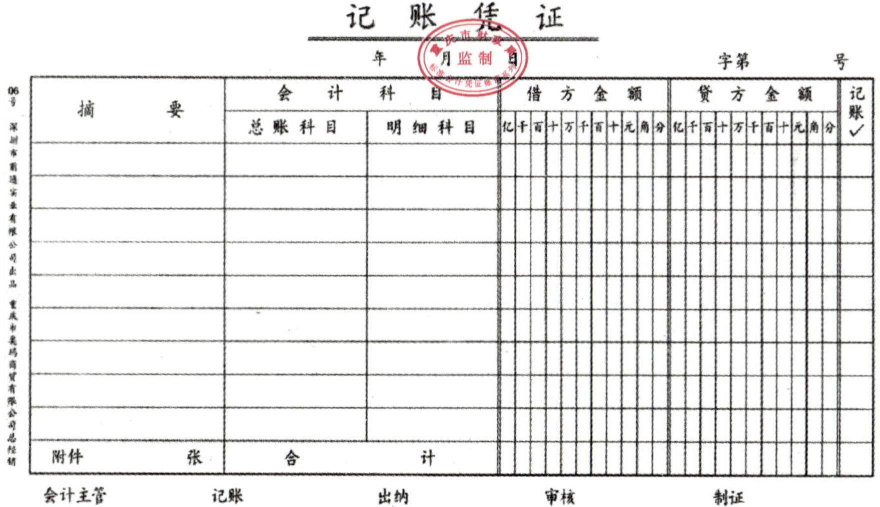

记 账 凭 证

年　月　日　　　　字第　　号

06号

摘要	会计科目		借方金额											贷方金额											记账
	总账科目	明细科目	亿	千	百	十	万	千	百	十	元	角	分	亿	千	百	十	万	千	百	十	元	角	分	✓
附件　张	合计																								

会计主管　　记账　　出纳　　审核　　制证

业务 37.

记　账　凭　证

年　　月　　日　　　　　　　　　　　　　字第　　　　号

06号 深圳市霸通实业有限公司出品 重庆市美玛商贸有限公司总经销

摘　要	会计科目		借方金额											贷方金额											记账
	总账科目	明细科目	亿	千	百	十	万	千	百	十	元	角	分	亿	千	百	十	万	千	百	十	元	角	分	✓
附件　　张	合　　计																								

会计主管　　记账　　出纳　　审核　　制证

业务 38.

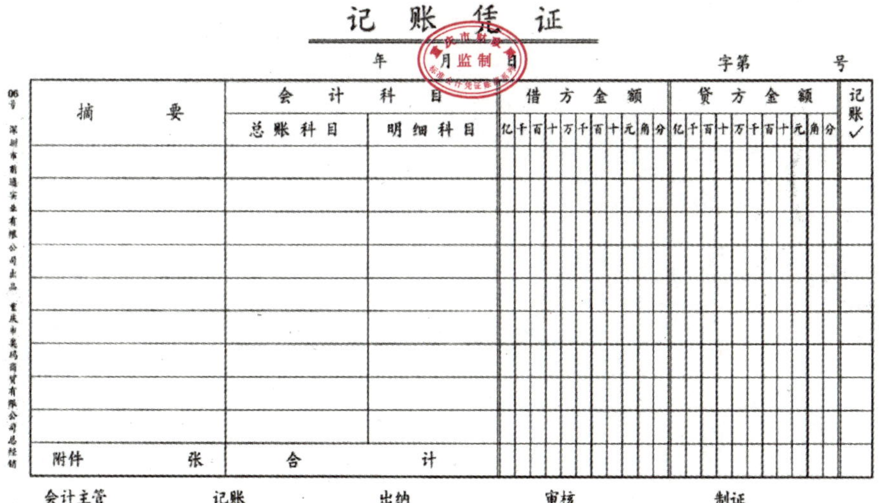

记　账　凭　证

年　　月　　日　　　　　　　　　　　　　字第　　　　号

06号 深圳市霸通实业有限公司出品 重庆市美玛商贸有限公司总经销

摘　要	会计科目		借方金额											贷方金额											记账
	总账科目	明细科目	亿	千	百	十	万	千	百	十	元	角	分	亿	千	百	十	万	千	百	十	元	角	分	✓
附件　　张	合　　计																								

会计主管　　记账　　出纳　　审核　　制证

业务 39.

记　账　凭　证

年　　月　　日　　　　　　　　字第　　　号

摘　要	会计科目		借方金额											贷方金额											记账 ✓
	总账科目	明细科目	亿	千	百	十	万	千	百	十	元	角	分	亿	千	百	十	万	千	百	十	元	角	分	
附件　张	合　计																								

会计主管　　记账　　出纳　　审核　　制证

业务 40.

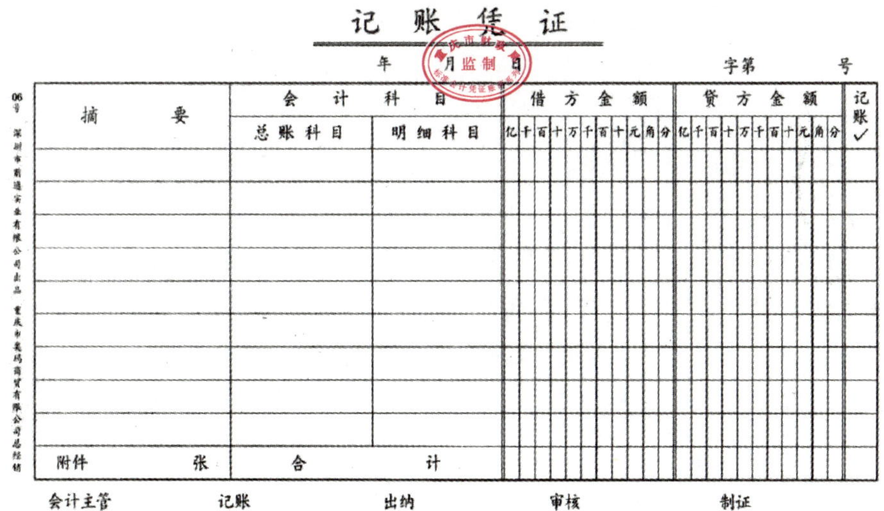

记　账　凭　证

年　　月　　日　　　　　　　　字第　　　号

摘　要	会计科目		借方金额											贷方金额											记账 ✓
	总账科目	明细科目	亿	千	百	十	万	千	百	十	元	角	分	亿	千	百	十	万	千	百	十	元	角	分	
附件　张	合　计																								

会计主管　　记账　　出纳　　审核　　制证

业务 41.

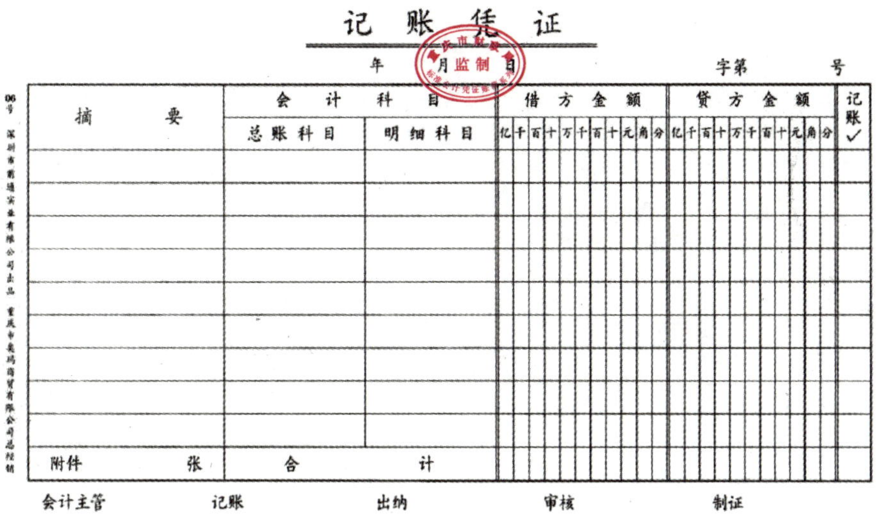

记 账 凭 证

年　月　日　　　　字第　　号

摘要	会计科目		借方金额	贷方金额	记账
	总账科目	明细科目	亿千百十万千百十元角分	亿千百十万千百十元角分	✓
附件　张	合　　计				

会计主管　记账　出纳　审核　制证

业务 42.

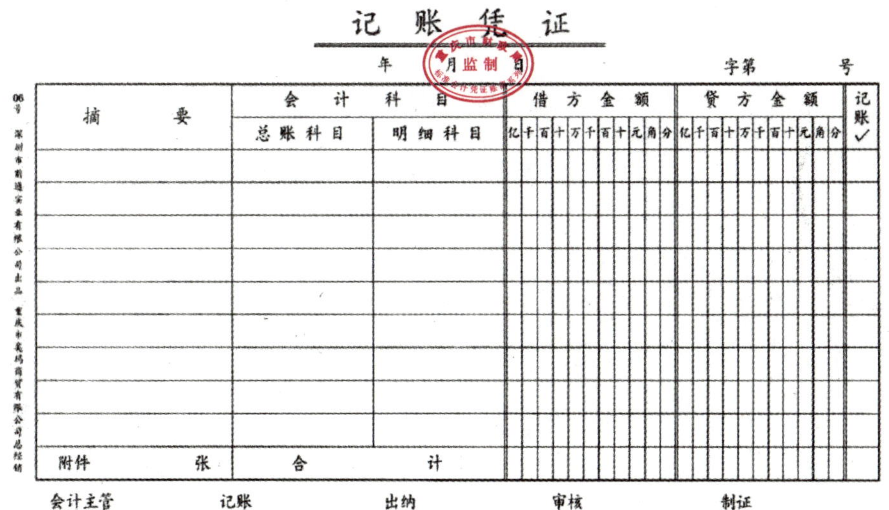

记 账 凭 证

年　月　日　　　　字第　　号

摘要	会计科目		借方金额	贷方金额	记账
	总账科目	明细科目	亿千百十万千百十元角分	亿千百十万千百十元角分	✓
附件　张	合　　计				

会计主管　记账　出纳　审核　制证

业务 43.

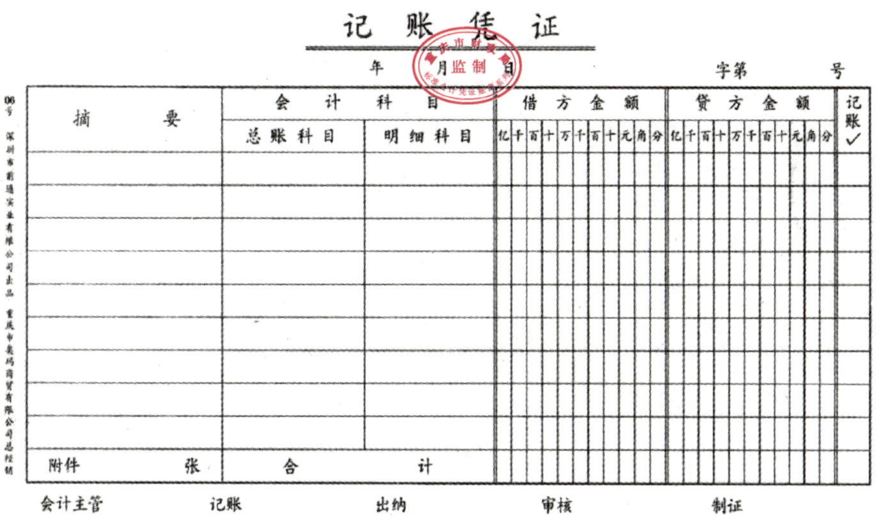

记　账　凭　证

年　月　日　　　　字第　　号

摘　要	会计科目		借方金额	贷方金额	记账✓
	总账科目	明细科目	亿千百十万千百十元角分	亿千百十万千百十元角分	
附件　张	合　计				

会计主管　记账　出纳　审核　制证

业务 44.

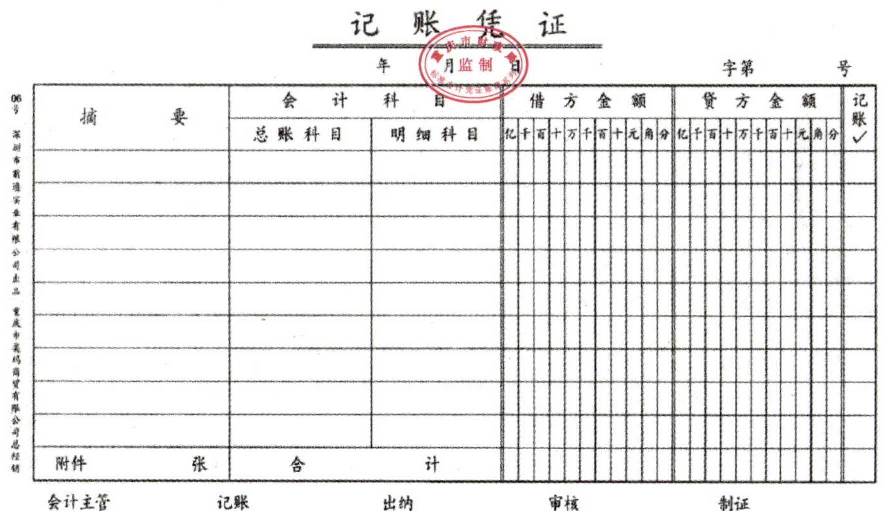

记　账　凭　证

年　月　日　　　　字第　　号

摘　要	会计科目		借方金额	贷方金额	记账✓
	总账科目	明细科目	亿千百十万千百十元角分	亿千百十万千百十元角分	
附件　张	合　计				

会计主管　记账　出纳　审核　制证

业务 45.

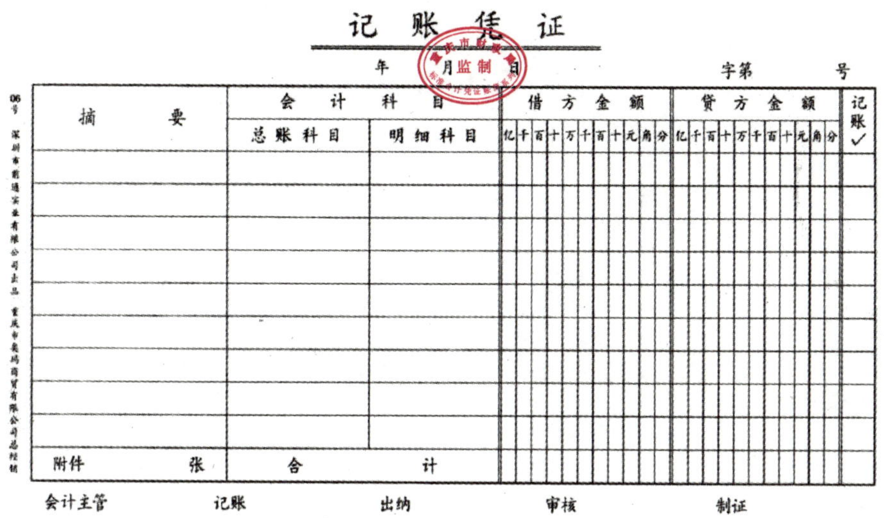

记 账 凭 证

年 月 日　　　　字第　　号

摘要	会计科目		借方金额											贷方金额											记账
	总账科目	明细科目	亿	千	百	十	万	千	百	十	元	角	分	亿	千	百	十	万	千	百	十	元	角	分	✓
附件　张	合计																								

会计主管　　记账　　出纳　　审核　　制证

业务 46.

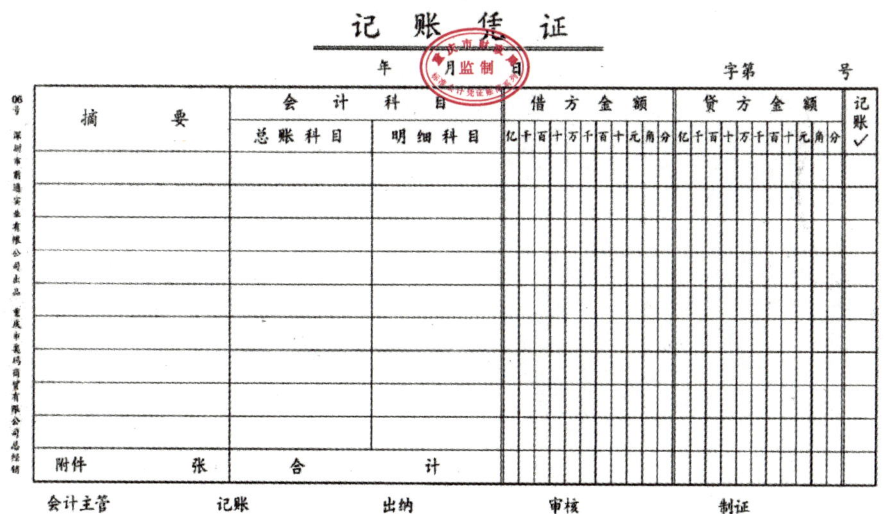

记 账 凭 证

年 月 日　　　　字第　　号

摘要	会计科目		借方金额											贷方金额											记账
	总账科目	明细科目	亿	千	百	十	万	千	百	十	元	角	分	亿	千	百	十	万	千	百	十	元	角	分	✓
附件　张	合计																								

会计主管　　记账　　出纳　　审核　　制证

业务 47.

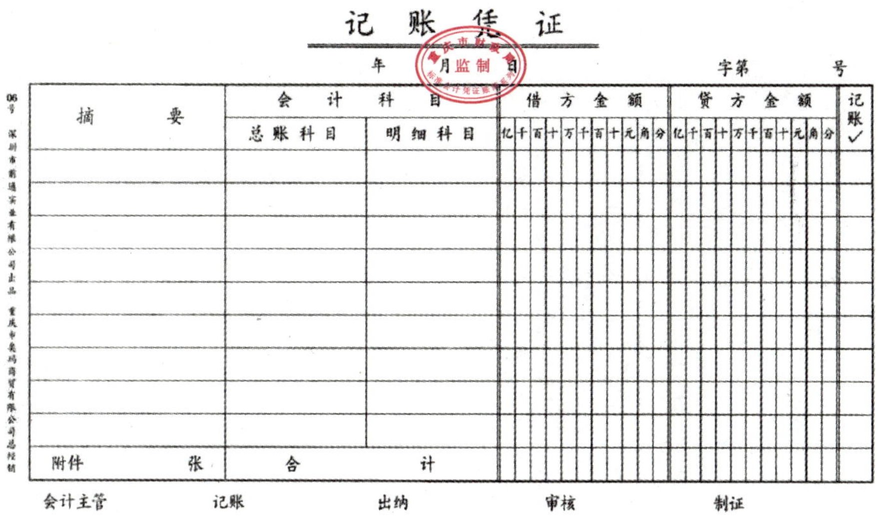

记　账　凭　证

年　　月　　日　　　　　　字第　　　号

摘　要	会计科目		借方金额	贷方金额	记账
	总账科目	明细科目	亿千百十万千百十元角分	亿千百十万千百十元角分	✓
附件　　张	合　　计				

会计主管　　记账　　出纳　　审核　　制证

业务 48.

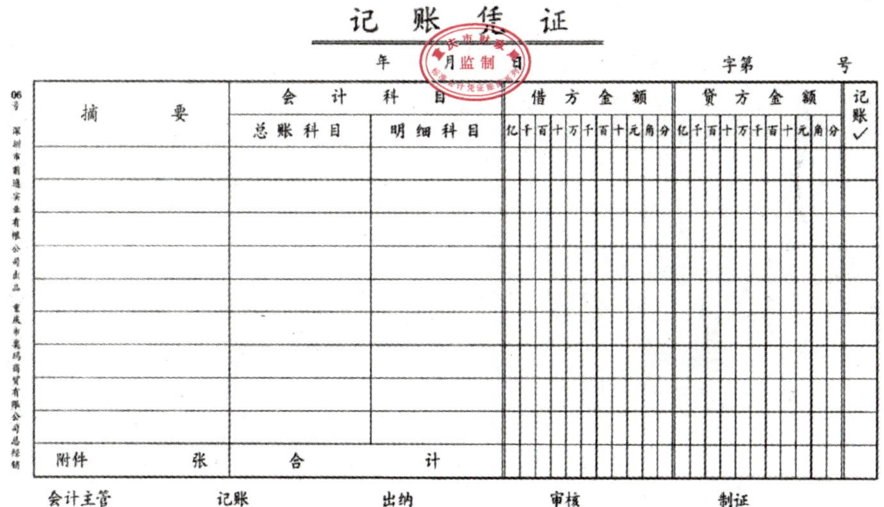

记　账　凭　证

年　　月　　日　　　　　　字第　　　号

摘　要	会计科目		借方金额	贷方金额	记账
	总账科目	明细科目	亿千百十万千百十元角分	亿千百十万千百十元角分	✓
附件　　张	合　　计				

会计主管　　记账　　出纳　　审核　　制证

业务 49.

记 账 凭 证

监制

年　　月　　日　　　　　　　　字第　　　号

摘　要	会计科目		借方金额											贷方金额											记账
	总账科目	明细科目	亿	千	百	十	万	千	百	十	元	角	分	亿	千	百	十	万	千	百	十	元	角	分	✓
附件　张	合　计																								

06号　深圳市彩通实业有限公司出品　重庆市麦玛商贸有限公司总经销

会计主管　　记账　　出纳　　审核　　制证

业务 50.

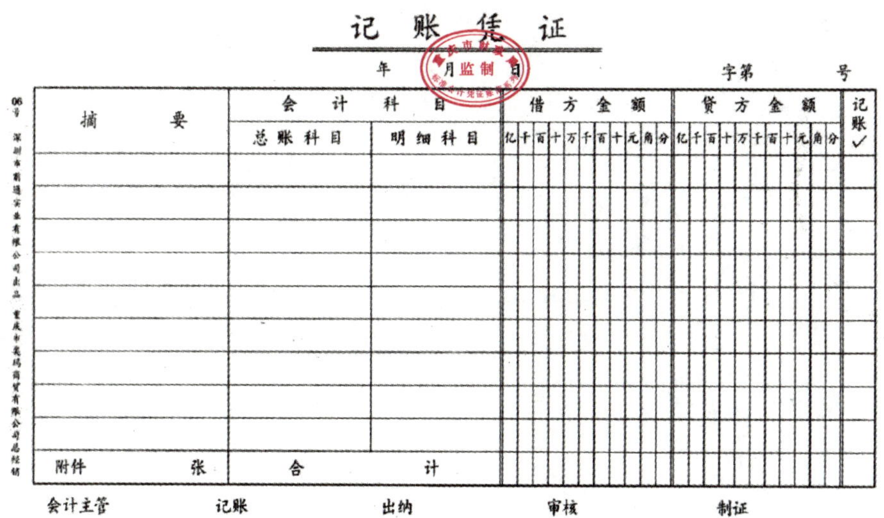

记 账 凭 证

监制

年　　月　　日　　　　　　　　字第　　　号

摘　要	会计科目		借方金额											贷方金额											记账
	总账科目	明细科目	亿	千	百	十	万	千	百	十	元	角	分	亿	千	百	十	万	千	百	十	元	角	分	✓
附件　张	合　计																								

06号　深圳市彩通实业有限公司出品　重庆市麦玛商贸有限公司总经销

会计主管　　记账　　出纳　　审核　　制证

记 账 凭 证

重庆市财政局 监制

年　月　日　　　　字第　　号

06号 深圳市前通安业有限公司出品 重庆市象鸡商贸有限公司总经销

摘要	会计科目		借方金额											贷方金额											记账
	总账科目	明细科目	亿	千	百	十	万	千	百	十	元	角	分	亿	千	百	十	万	千	百	十	元	角	分	✓
附件　张	合　计																								

会计主管　　记账　　出纳　　审核　　制证

记 账 凭 证

重庆市财政局 监制

年　月　日　　　　字第　　号

06号 深圳市前通安业有限公司出品 重庆市象鸡商贸有限公司总经销

摘要	会计科目		借方金额											贷方金额											记账
	总账科目	明细科目	亿	千	百	十	万	千	百	十	元	角	分	亿	千	百	十	万	千	百	十	元	角	分	✓
附件　张	合　计																								

会计主管　　记账　　出纳　　审核　　制证

记 账 凭 证

年　月　日　　　　字第　　号

06号 深圳市新通实业有限公司出品 重庆市奥玛商贸有限公司总经销

摘要	会计科目		借方金额											贷方金额											记账✓
	总账科目	明细科目	亿	千	百	十	万	千	百	十	元	角	分	亿	千	百	十	万	千	百	十	元	角	分	
附件　张	合计																								

会计主管　　记账　　出纳　　审核　　制证

记 账 凭 证

年　月　日　　　　字第　　号

06号 深圳市新通实业有限公司出品 重庆市奥玛商贸有限公司总经销

摘要	会计科目		借方金额											贷方金额											记账✓
	总账科目	明细科目	亿	千	百	十	万	千	百	十	元	角	分	亿	千	百	十	万	千	百	十	元	角	分	
附件　张	合计																								

会计主管　　记账　　出纳　　审核　　制证

记　账　凭　证

年　　月　　日　　　　　　　　字第　　　号

06号　深圳市前通实业有限公司出品　重庆市奥玛商贸有限公司总经销

摘　要	会计科目		借方金额											贷方金额											记账✓
	总账科目	明细科目	亿	千	百	十	万	千	百	十	元	角	分	亿	千	百	十	万	千	百	十	元	角	分	
附件　　张	合　　计																								

会计主管　　　　记账　　　　出纳　　　　审核　　　　制证

记　账　凭　证

年　　月　　日　　　　　　　　字第　　　号

06号　深圳市前通实业有限公司出品　重庆市奥玛商贸有限公司总经销

摘　要	会计科目		借方金额											贷方金额											记账✓
	总账科目	明细科目	亿	千	百	十	万	千	百	十	元	角	分	亿	千	百	十	万	千	百	十	元	角	分	
附件　　张	合　　计																								

会计主管　　　　记账　　　　出纳　　　　审核　　　　制证

三、登记日记账和明细账

涉及库存现金和银行存款的由出纳登记现金和银行存款特种日记账，再登记其他明细账。无期初余额的要重新拿空白的来登记，登记好后既要在记账凭证上签字，又要在凭证的记账栏画记账符号“√”。

空白账页如下：

1. 现金日记账

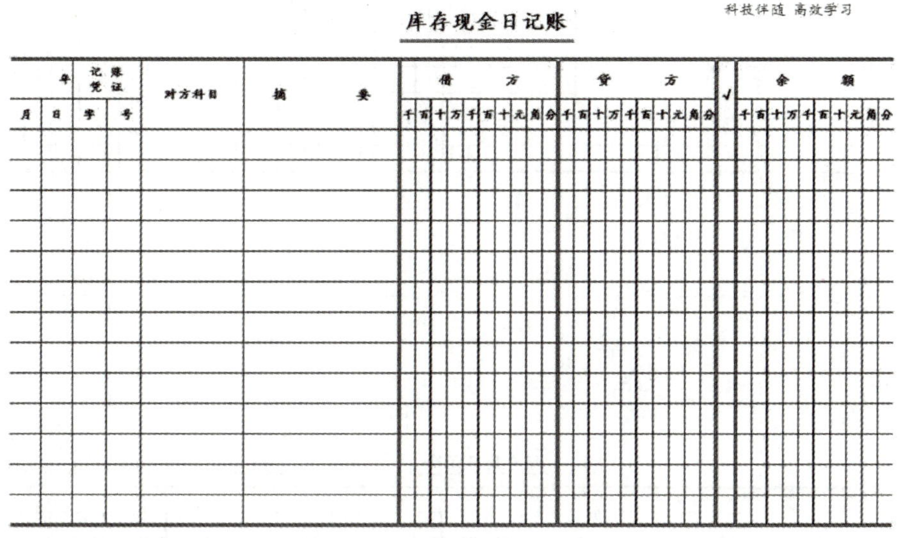

库存现金日记账

年		记账凭证		对方科目	摘要	借方										贷方										√	余额									
月	日	字	号			千	百	十	万	千	百	十	元	角	分	千	百	十	万	千	百	十	元	角	分		千	百	十	万	千	百	十	元	角	分

2. 银行存款日记账

第 1 页

银行存款日记账

开户行：

账号：

年		记账凭证		结算凭证		对方科目	摘要	借方										贷方										借或贷	余额									
月	日	字	号	种类	号码			千	百	十	万	千	百	十	元	角	分	千	百	十	万	千	百	十	元	角	分		千	百	十	万	千	百	十	元	角	分

第 2 页

开户行：

账号：

银行存款日记账

年		记账凭证		结算凭证		对方科目	摘要	借方										贷方										借或贷	余额									
月	日	字	号	种类	号码			千	百	十	万	千	百	十	元	角	分	千	百	十	万	千	百	十	元	角	分		千	百	十	万	千	百	十	元	角	分

第 3 页

开户行：

账号：

银行存款日记账

年		记账凭证		结算凭证		对方科目	摘要	借方										贷方										借或贷	余额									
月	日	字	号	种类	号码			千	百	十	万	千	百	十	元	角	分	千	百	十	万	千	百	十	元	角	分		千	百	十	万	千	百	十	元	角	分

第____页

应收票据明细账

科技伴随 高效学习

二级科目或明细科目 港汇家具

年		凭证		摘要	借方										贷方										借或贷	余额									
月	日	种类	号数		千	百	十	万	千	百	十	元	角	分	千	百	十	万	千	百	十	元	角	分		千	百	十	万	千	百	十	元	角	分

第____页

应收票据明细账

科技伴随 高效学习

二级科目或明细科目 华友家具

年		凭证		摘要	借方										贷方										借或贷	余额									
月	日	种类	号数		千	百	十	万	千	百	十	元	角	分	千	百	十	万	千	百	十	元	角	分		千	百	十	万	千	百	十	元	角	分

第 ___ 页

应收账款明细账

科技伴随 高效学习

二级科目或明细科目 华友家具

年		凭证		摘要	借方										贷方										借或贷	余额									
月	日	种类	号数		千	百	十	万	千	百	十	元	角	分	千	百	十	万	千	百	十	元	角	分		千	百	十	万	千	百	十	元	角	分

第 ___ 页

预付账款明细账

科技伴随 高效学习

二级科目或明细科目 光明公司

年		凭证		摘要	借方										贷方										借或贷	余额									
月	日	种类	号数		千	百	十	万	千	百	十	元	角	分	千	百	十	万	千	百	十	元	角	分		千	百	十	万	千	百	十	元	角	分

第 ___ 页

预付账款明细账

科技伴随 高效学习

二级科目或明细科目 马家岩建材

年		凭证		摘要	借方										贷方										借或贷	余额									
月	日	种类	号数		千	百	十	万	千	百	十	元	角	分	千	百	十	万	千	百	十	元	角	分		千	百	十	万	千	百	十	元	角	分

第 ___ 页

其他应收款明细账

科技伴随 高效学习

二级科目或明细科目 天安保险渝北公司

年		凭证		摘要	借方										贷方										借或贷	余额									
月	日	种类	号数		千	百	十	万	千	百	十	元	角	分	千	百	十	万	千	百	十	元	角	分		千	百	十	万	千	百	十	元	角	分

第____页

其他应收款明细账

科技伴随 高效学习

二级科目或明细科目 李平

年		凭证		摘要	借方										贷方										借或贷	余额									
月	日	种类	号数		千	百	十	万	千	百	十	元	角	分	千	百	十	万	千	百	十	元	角	分		千	百	十	万	千	百	十	元	角	分

第____页

其他应收款明细账

科技伴随 高效学习

二级科目或明细科目 王信同

年		凭证		摘要	借方										贷方										借或贷	余额									
月	日	种类	号数		千	百	十	万	千	百	十	元	角	分	千	百	十	万	千	百	十	元	角	分		千	百	十	万	千	百	十	元	角	分

第____页

原材料 明细账

规格________ 编号________ 储备定额________ 类别________ 最高储存量________

名称 钢管 计量单位 根 计划单位________ 存放地点________ 最低储存量________

年		凭证		摘要	收入												发出												结存											
月	日	种类	号数		数量	单价	金额										数量	单价	金额										数量	单价	金额									
							千	百	十	万	千	百	十	元	角	分			千	百	十	万	千	百	十	元	角	分			千	百	十	万	千	百	十	元	角	分

第____页

原材料 明细账

规格________ 编号________ 储备定额________ 类别________ 最高储存量________

名称 三层板 计量单位 张 计划单位________ 存放地点________ 最低储存量________

年		凭证		摘要	收入												发出												结存											
月	日	种类	号数		数量	单价	金额										数量	单价	金额										数量	单价	金额									
							千	百	十	万	千	百	十	元	角	分			千	百	十	万	千	百	十	元	角	分			千	百	十	万	千	百	十	元	角	分

第____页

原材料 明细账

规格________ 编号________ 储备定额________ 类别________ 最高储存量________

名称 油漆 计量单位 桶 计划单位________ 存放地点________ 最低储存量________

年		凭证		摘要	收入												发出												结存											
月	日	种类	号数		数量	单价	金额										数量	单价	金额										数量	单价	金额									
							千	百	十	万	千	百	十	元	角	分			千	百	十	万	千	百	十	元	角	分			千	百	十	万	千	百	十	元	角	分

科技伴随 高效学习

原材料 明细账

第____页

规格 ______ 编号 ______ 储备定额 ______ 类别 ______ 最高储存量 ______

名称 强力胶 计量单位 桶 计划单位 ______ 存放地点 ______ 最低储存量 ______

年		凭证		摘要	收入												发出												结存											
月	日	种类	号数		数量	单价	金额										数量	单价	金额										数量	单价	金额									
							千	百	十	万	千	百	十	元	角	分			千	百	十	万	千	百	十	元	角	分			千	百	十	万	千	百	十	元	角	分

科技伴随 高效学习

原材料 明细账

第____页

规格 ______ 编号 ______ 储备定额 ______ 类别 ______ 最高储存量 ______

名称 ABC贴面 计量单位 张 计划单位 ______ 存放地点 ______ 最低储存量 ______

年		凭证		摘要	收入												发出												结存											
月	日	种类	号数		数量	单价	金额										数量	单价	金额										数量	单价	金额									
							千	百	十	万	千	百	十	元	角	分			千	百	十	万	千	百	十	元	角	分			千	百	十	万	千	百	十	元	角	分

科技伴随 高效学习

原材料 明细账

第____页

规格 ______ 编号 ______ 储备定额 ______ 类别 ______ 最高储存量 ______

名称 高密度板 计量单位 张 计划单位 ______ 存放地点 ______ 最低储存量 ______

年		凭证		摘要	收入												发出												结存											
月	日	种类	号数		数量	单价	金额										数量	单价	金额										数量	单价	金额									
							千	百	十	万	千	百	十	元	角	分			千	百	十	万	千	百	十	元	角	分			千	百	十	万	千	百	十	元	角	分

周转材料 明细账

第____页

规格____ 编号____ 储备定额____ 类别____ 最高储存量____

名称 螺钉 计量单位 公斤 计划单位____ 存放地点____ 最低储存量____

年		凭证		摘要	收入												发出												结存											
							金额												金额												金额									
月	日	种类	号数		数量	单价	千	百	十	万	千	百	十	元	角	分	数量	单价	千	百	十	万	千	百	十	元	角	分	数量	单价	千	百	十	万	千	百	十	元	角	分

周转材料 明细账

第____页

规格____ 编号____ 储备定额____ 类别____ 最高储存量____

名称 泡沫 计量单位 张 计划单位____ 存放地点____ 最低储存量____

年		凭证		摘要	收入												发出												结存											
							金额												金额												金额									
月	日	种类	号数		数量	单价	千	百	十	万	千	百	十	元	角	分	数量	单价	千	百	十	万	千	百	十	元	角	分	数量	单价	千	百	十	万	千	百	十	元	角	分

库存商品 明细账

第____页

规格____ 编号____ 储备定额____ 类别____ 最高储存量____

名称 办公桌 计量单位 张 计划单位____ 存放地点____ 最低储存量____

年		凭证		摘要	收入												发出												结存											
							金额												金额												金额									
月	日	种类	号数		数量	单价	千	百	十	万	千	百	十	元	角	分	数量	单价	千	百	十	万	千	百	十	元	角	分	数量	单价	千	百	十	万	千	百	十	元	角	分

科技伴随 高效学习

第____页

库存商品 明细账

规　格______ 编　号______ 储备定额______ 类　别______ 最高储存量______

名　称 办公椅 计量单位 把 计划单位______ 存放地点______ 最低储存量______

年		凭证		摘要	收入												发出												结存											
					数量	单价	金额										数量	单价	金额										数量	单价	金额									
月	日	种类	号数				千	百	十	万	千	百	十	元	角	分			千	百	十	万	千	百	十	元	角	分			千	百	十	万	千	百	十	元	角	分

科技伴随 高效学习

第____页

固定资产明细账

二级科目或明细科目 生产用

年		凭证		摘要	借方										贷方										借或贷	余额									
月	日	种类	号数		千	百	十	万	千	百	十	元	角	分	千	百	十	万	千	百	十	元	角	分		千	百	十	万	千	百	十	元	角	分

科技伴随 高效学习

第____页

固定资产明细账

二级科目或明细科目 非生产用

年		凭证		摘要	借方										贷方										借或贷	余额									
月	日	种类	号数		千	百	十	万	千	百	十	元	角	分	千	百	十	万	千	百	十	元	角	分		千	百	十	万	千	百	十	元	角	分

第 ____ 页

二级科目或明细科目 ________

清理 明细账

科技伴随 高效学习

年		凭证		摘要	借方										贷方										借或贷	余额									
月	日	种类	号数		千	百	十	万	千	百	十	元	角	分	千	百	十	万	千	百	十	元	角	分		千	百	十	万	千	百	十	元	角	分

第 ____ 页

二级科目或明细科目 ________

累计折旧明细账

科技伴随 高效学习

年		凭证		摘要	借方										贷方										借或贷	余额									
月	日	种类	号数		千	百	十	万	千	百	十	元	角	分	千	百	十	万	千	百	十	元	角	分		千	百	十	万	千	百	十	元	角	分

第____页

无形资产明细账

科技伴随 高效学习

二级科目或明细科目 商标权

年		凭证		摘要	借方										贷方										借或贷	余额									
月	日	种类	号数		千	百	十	万	千	百	十	元	角	分	千	百	十	万	千	百	十	元	角	分		千	百	十	万	千	百	十	元	角	分

第____页

累计摊销明细账

科技伴随 高效学习

二级科目或明细科目 商标权

年		凭证		摘要	借方										贷方										借或贷	余额									
月	日	种类	号数		千	百	十	万	千	百	十	元	角	分	千	百	十	万	千	百	十	元	角	分		千	百	十	万	千	百	十	元	角	分

第____页

二级科目或明细科目____

____明细账

科技伴随 高效学习

年		凭证		摘要	借方										贷方										借或贷	余额									
月	日	种类	号数		千	百	十	万	千	百	十	元	角	分	千	百	十	万	千	百	十	元	角	分		千	百	十	万	千	百	十	元	角	分

第____页

二级科目或明细科目____

____明细账

科技伴随 高效学习

年		凭证		摘要	借方										贷方										借或贷	余额									
月	日	种类	号数		千	百	十	万	千	百	十	元	角	分	千	百	十	万	千	百	十	元	角	分		千	百	十	万	千	百	十	元	角	分

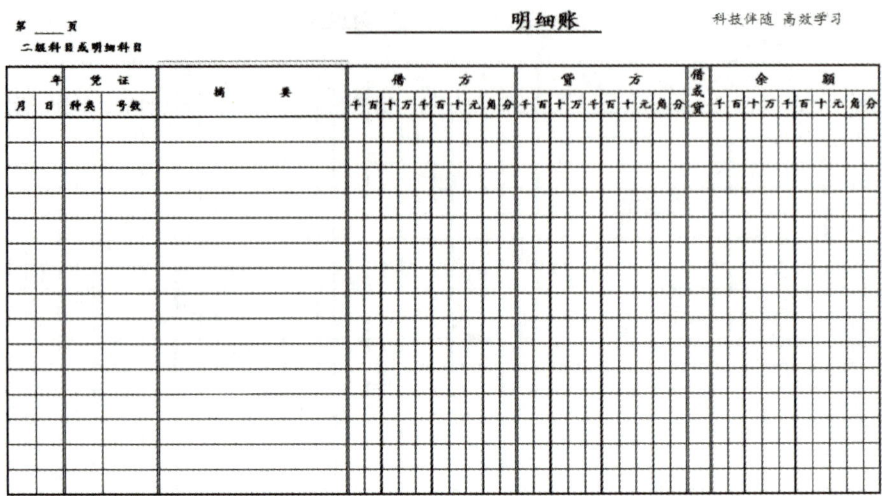

第____页

二级科目或明细科目

明细账

科技伴随 高效学习

年		凭证		摘要	借方										贷方										借或贷	余额									
月	日	种类	号数		千	百	十	万	千	百	十	元	角	分	千	百	十	万	千	百	十	元	角	分		千	百	十	万	千	百	十	元	角	分

第____页

二级科目或明细科目

短期借款明细账

科技伴随 高效学习

年		凭证		摘要	借方										贷方										借或贷	余额									
月	日	种类	号数		千	百	十	万	千	百	十	元	角	分	千	百	十	万	千	百	十	元	角	分		千	百	十	万	千	百	十	元	角	分

第____页

二级科目或明细科目

长期借款明细账

科技伴随 高效学习

年		凭证		摘要	借方										贷方										借或贷	余额									
月	日	种类	号数		千	百	十	万	千	百	十	元	角	分	千	百	十	万	千	百	十	元	角	分		千	百	十	万	千	百	十	元	角	分

第____页

二级科目或明细科目

应付利息明细账

科技伴随 高效学习

年		凭证		摘要	借方										贷方										借或贷	余额									
月	日	种类	号数		千	百	十	万	千	百	十	元	角	分	千	百	十	万	千	百	十	元	角	分		千	百	十	万	千	百	十	元	角	分

第 ____ 页

应付账款明细账

科技伴随 高效学习

二级科目或明细科目 万元钢材

年		凭证		摘要	借方										贷方										借或贷	余额									
月	日	种类	号数		千	百	十	万	千	百	十	元	角	分	千	百	十	万	千	百	十	元	角	分		千	百	十	万	千	百	十	元	角	分

第 ____ 页

应付账款明细账

科技伴随 高效学习

二级科目或明细科目 多彩木材

年		凭证		摘要	借方										贷方										借或贷	余额									
月	日	种类	号数		千	百	十	万	千	百	十	元	角	分	千	百	十	万	千	百	十	元	角	分		千	百	十	万	千	百	十	元	角	分

第____页

应付账款明细账

科技伴随 高效学习

二级科目或明细科目 江北供电局

年		凭证		摘要	借方										贷方										借或贷	余额									
月	日	种类	号数		千	百	十	万	千	百	十	元	角	分	千	百	十	万	千	百	十	元	角	分		千	百	十	万	千	百	十	元	角	分

第____页

应付账款明细账

科技伴随 高效学习

二级科目或明细科目 长江建材

年		凭证		摘要	借方										贷方										借或贷	余额									
月	日	种类	号数		千	百	十	万	千	百	十	元	角	分	千	百	十	万	千	百	十	元	角	分		千	百	十	万	千	百	十	元	角	分

应付票据明细账

第____页

二级科目或明细科目 万元钢材

年		凭证		摘要	借方										贷方										借或贷	余额									
月	日	种类	号数		千	百	十	万	千	百	十	元	角	分	千	百	十	万	千	百	十	元	角	分		千	百	十	万	千	百	十	元	角	分

其他应付款明细账

第____页

二级科目或明细科目 社会保险费

年		凭证		摘要	借方										贷方										借或贷	余额									
月	日	种类	号数		千	百	十	万	千	百	十	元	角	分	千	百	十	万	千	百	十	元	角	分		千	百	十	万	千	百	十	元	角	分

第____页　　**其他应付款明细账**　　科技伴随 高效学习

二级科目或明细科目 住房公积金

年		凭证		摘要	借方										贷方										借或贷	余额									
月	日	种类	号数		千	百	十	万	千	百	十	元	角	分	千	百	十	万	千	百	十	元	角	分		千	百	十	万	千	百	十	元	角	分

第____页　　**应付职工薪酬明细账**　　科技伴随 高效学习

二级科目或明细科目 工资

年		凭证		摘要	借方										贷方										借或贷	余额									
月	日	种类	号数		千	百	十	万	千	百	十	元	角	分	千	百	十	万	千	百	十	元	角	分		千	百	十	万	千	百	十	元	角	分

第____页

应付职工薪酬明细账

科技伴随 高效学习

二级科目或明细科目 福利费

年		凭证		摘要	借方										贷方										借或贷	余额									
月	日	种类	号数		千	百	十	万	千	百	十	元	角	分	千	百	十	万	千	百	十	元	角	分		千	百	十	万	千	百	十	元	角	分

第____页

应付职工薪酬明细账

科技伴随 高效学习

二级科目或明细科目 社会保险费

年		凭证		摘要	借方										贷方										借或贷	余额									
月	日	种类	号数		千	百	十	万	千	百	十	元	角	分	千	百	十	万	千	百	十	元	角	分		千	百	十	万	千	百	十	元	角	分

第 ____ 页

应付职工薪酬明细账

科技伴随 高效学习

二级科目或明细科目 住房公积金

年		凭证		摘要	借方										贷方										借或贷	余额									
月	日	种类	号数		千	百	十	万	千	百	十	元	角	分	千	百	十	万	千	百	十	元	角	分		千	百	十	万	千	百	十	元	角	分

第 ____ 页

应交税费明细账

科技伴随 高效学习

二级科目或明细科目 未交增值税

年		凭证		摘要	借方										贷方										借或贷	余额									
月	日	种类	号数		千	百	十	万	千	百	十	元	角	分	千	百	十	万	千	百	十	元	角	分		千	百	十	万	千	百	十	元	角	分

应交税费——应交增值税明细账

科技伴随 高效学习

年		凭证号数	摘要	借方							贷方					余额
月	日			合计	进项税额	销项税额抵减	已交税金	减免税款	出口抵减内销产品应纳税额	转出未交增值税	合计	销项税额	出口退税	进项税额转出	转出多交增值税	

应交税费——应交增值税明细账

科技伴随 高效学习

年		凭证号数	摘要	借方							贷方					余额
月	日			合计	进项税额	销项税额抵减	已交税金	减免税款	出口抵减内销产品应纳税额	转出未交增值税	合计	销项税额	出口退税	进项税额转出	转出多交增值税	

第____页

应交税费明细账

科技伴随 高效学习

二级科目或明细科目 个人所得税

年		凭证		摘要	借方										贷方										借或贷	余额									
月	日	种类	号数		千	百	十	万	千	百	十	元	角	分	千	百	十	万	千	百	十	元	角	分		千	百	十	万	千	百	十	元	角	分

第____页　　**应交税费明细账**　　科技伴随 高效学习

二级科目或明细科目 城建税

年		凭证		摘要	借方										贷方										借或贷	余额									
月	日	种类	号数		千	百	十	万	千	百	十	元	角	分	千	百	十	万	千	百	十	元	角	分		千	百	十	万	千	百	十	元	角	分

第____页　　**应交税费明细账**　　科技伴随 高效学习

二级科目或明细科目 教育费附加

年		凭证		摘要	借方										贷方										借或贷	余额									
月	日	种类	号数		千	百	十	万	千	百	十	元	角	分	千	百	十	万	千	百	十	元	角	分		千	百	十	万	千	百	十	元	角	分

第____页

应交税费明细账

科技伴随 高效学习

二级科目或明细科目 地方教育费附加

年		凭证		摘要	借方										贷方										借或贷	余额									
月	日	种类	号数		千	百	十	万	千	百	十	元	角	分	千	百	十	万	千	百	十	元	角	分		千	百	十	万	千	百	十	元	角	分

第____页

应交税费明细账

科技伴随 高效学习

二级科目或明细科目 企业所得税

年		凭证		摘要	借方										贷方										借或贷	余额									
月	日	种类	号数		千	百	十	万	千	百	十	元	角	分	千	百	十	万	千	百	十	元	角	分		千	百	十	万	千	百	十	元	角	分

第____页

二级科目或明细科目____

应付股利明细账

科技伴随 高效学习

年		凭证		摘要	借方										贷方										借或贷	余额									
月	日	种类	号数		千	百	十	万	千	百	十	元	角	分	千	百	十	万	千	百	十	元	角	分		千	百	十	万	千	百	十	元	角	分

第____页

二级科目或明细科目____

明细账

科技伴随 高效学习

年		凭证		摘要	借方										贷方										借或贷	余额									
月	日	种类	号数		千	百	十	万	千	百	十	元	角	分	千	百	十	万	千	百	十	元	角	分		千	百	十	万	千	百	十	元	角	分

第____页

明细账

科技伴随 高效学习

二级科目或明细科目

年		凭证		摘要	借方										贷方										借或贷	余额									
月	日	种类	号数		千	百	十	万	千	百	十	元	角	分	千	百	十	万	千	百	十	元	角	分		千	百	十	万	千	百	十	元	角	分

第____页

实收资本明细账

科技伴随 高效学习

二级科目或明细科目 邓鑫

年		凭证		摘要	借方										贷方										借或贷	余额									
月	日	种类	号数		千	百	十	万	千	百	十	元	角	分	千	百	十	万	千	百	十	元	角	分		千	百	十	万	千	百	十	元	角	分

第____页

实收资本明细账

二级科目或明细科目 北新集团公司

年		凭证		摘要	借方										贷方										借或贷	余额									
月	日	种类	号数		千	百	十	万	千	百	十	元	角	分	千	百	十	万	千	百	十	元	角	分		千	百	十	万	千	百	十	元	角	分

第____页

盈余公积明细账

二级科目或明细科目 公积金

年		凭证		摘要	借方										贷方										借或贷	余额									
月	日	种类	号数		千	百	十	万	千	百	十	元	角	分	千	百	十	万	千	百	十	元	角	分		千	百	十	万	千	百	十	元	角	分

第____页

二级科目或明细科目

本年利润明细账

科技伴随 高效学习

年		凭证		摘要	借方										贷方										借或贷	余额									
月	日	种类	号数		千	百	十	万	千	百	十	元	角	分	千	百	十	万	千	百	十	元	角	分		千	百	十	万	千	百	十	元	角	分

第____页

二级科目或明细科目 未分配利润

利润分配明细账

科技伴随 高效学习

年		凭证		摘要	借方										贷方										借或贷	余额									
月	日	种类	号数		千	百	十	万	千	百	十	元	角	分	千	百	十	万	千	百	十	元	角	分		千	百	十	万	千	百	十	元	角	分

利润分配明细账

第＿＿页　　科技伴随 高效学习

二级科目或明细科目 提公积金

年		凭证		摘要	借方										贷方										借或贷	余额									
月	日	种类	号数		千	百	十	万	千	百	十	元	角	分	千	百	十	万	千	百	十	元	角	分		千	百	十	万	千	百	十	元	角	分

利润分配明细账

第＿＿页　　科技伴随 高效学习

二级科目或明细科目 应付股利

年		凭证		摘要	借方										贷方										借或贷	余额									
月	日	种类	号数		千	百	十	万	千	百	十	元	角	分	千	百	十	万	千	百	十	元	角	分		千	百	十	万	千	百	十	元	角	分

制造费用　明细分类账

年		凭证		摘要	借方	贷方	余额	材料费	工资及福利费	折旧费	电费			
月	日	字	号											

生产成本 明细分类账

科目：生产成本——办公桌

年 月	日	凭证 字	号	摘要	借方	贷方	余额	直接材料	直接人工	其他直接支出	制造费用	

生产成本 明细分类账

科目：生产成本——办公椅

年 月	日	凭证 字	号	摘要	借方	贷方	余额	直接材料	直接人工	其他直接支出	制造费用

管理费用 明细分类账

科目：

年 月	日	凭证 字	号	摘要	借方	贷方	余额	差旅费	办公费	工资及福利费	折旧费	水电费		

销售费用 明细分类账

科目：

年 月	日	凭证 字	号	摘要	借方	贷方	余额	广告费	工资及福利费	电费					

财务费用　明细分类账

科目：

年		凭证		摘要	借方	贷方	余额	贴现息	利息费						
月	日	字	号												

主营业务收入明细账

第____页　　科技伴随 高效学习

二级科目或明细科目　办公桌

年		凭证		摘要	借方										贷方										借或贷	余额									
月	日	种类	号数		千	百	十	万	千	百	十	元	角	分	千	百	十	万	千	百	十	元	角	分		千	百	十	万	千	百	十	元	角	分

主营业务收入明细账

第____页　　科技伴随 高效学习

二级科目或明细科目　办公椅

年		凭证		摘要	借方										贷方										借或贷	余额									
月	日	种类	号数		千	百	十	万	千	百	十	元	角	分	千	百	十	万	千	百	十	元	角	分		千	百	十	万	千	百	十	元	角	分

其他业务收入明细账

第____页　　科技伴随 高效学习

二级科目或明细科目

年		凭证		摘要	借方										贷方										借或贷	余额									
月	日	种类	号数		千	百	十	万	千	百	十	元	角	分	千	百	十	万	千	百	十	元	角	分		千	百	十	万	千	百	十	元	角	分

第 ___ 页

主营业务成本明细账

科技伴随 高效学习

二级科目或明细科目 办公桌

年		凭证		摘要	借方										贷方										借或贷	余额									
月	日	种类	号数		千	百	十	万	千	百	十	元	角	分	千	百	十	万	千	百	十	元	角	分		千	百	十	万	千	百	十	元	角	分

第 ___ 页

主营业务成本明细账

科技伴随 高效学习

二级科目或明细科目 办公椅

年		凭证		摘要	借方										贷方										借或贷	余额									
月	日	种类	号数		千	百	十	万	千	百	十	元	角	分	千	百	十	万	千	百	十	元	角	分		千	百	十	万	千	百	十	元	角	分

第 ___ 页

其他业务成本明细账

科技伴随 高效学习

二级科目或明细科目

年		凭证		摘要	借方										贷方										借或贷	余额									
月	日	种类	号数		千	百	十	万	千	百	十	元	角	分	千	百	十	万	千	百	十	元	角	分		千	百	十	万	千	百	十	元	角	分

第 ___ 页

加明细账

科技伴随 高效学习

二级科目或明细科目

年		凭证		摘要	借方										贷方										借或贷	余额									
月	日	种类	号数		千	百	十	万	千	百	十	元	角	分	千	百	十	万	千	百	十	元	角	分		千	百	十	万	千	百	十	元	角	分

营业外收入明细账

科技伴随 高效学习

第____页

二级科目或明细科目

年		凭证		摘要	借方										贷方										借或贷	余额									
月	日	种类	号数		千	百	十	万	千	百	十	元	角	分	千	百	十	万	千	百	十	元	角	分		千	百	十	万	千	百	十	元	角	分

营业外支出明细账

科技伴随 高效学习

第____页

二级科目或明细科目 处理固定资产损失

年		凭证		摘要	借方										贷方										借或贷	余额									
月	日	种类	号数		千	百	十	万	千	百	十	元	角	分	千	百	十	万	千	百	十	元	角	分		千	百	十	万	千	百	十	元	角	分

营业外支出明细账

科技伴随 高效学习

第____页

二级科目或明细科目 捐赠支出

年		凭证		摘要	借方										贷方										借或贷	余额									
月	日	种类	号数		千	百	十	万	千	百	十	元	角	分	千	百	十	万	千	百	十	元	角	分		千	百	十	万	千	百	十	元	角	分

所得税费用明细账

科技伴随 高效学习

第____页

二级科目或明细科目

年		凭证		摘要	借方										贷方										借或贷	余额									
月	日	种类	号数		千	百	十	万	千	百	十	元	角	分	千	百	十	万	千	百	十	元	角	分		千	百	十	万	千	百	十	元	角	分

四、编制科目汇总表

根据明细账每间隔一定时间(本例 10 天)编制一张科目汇总表，然后据此登记总账。空白科目汇总表如下：

编号	汇 01
记字	第　号至第　号　张

科目汇总表

年　月　日至　月日

会计科目	总页	借方金额										贷方金额									
		千	百	十	万	千	百	十	元	角	分	千	百	十	万	千	百	十	元	角	分
库存现金																					
银行存款																					
应收票据																					
预付账款																					
其他应收款																					
原材料																					
周转材料																					
固定资产																					
长期借款																					
应付账款																					
应付票据																					
其他应付款																					
应付职工薪酬																					
应交税费																					
实收资本																					
财务费用																					
合计																					

财会主管：　　　记账：　　　复核：

科目汇总表

编号	汇 02
记字	第　号至第　号　张

年　　月　　日至　　月　日

会计科目	总页	借方金额										贷方金额									
		千	百	十	万	千	百	十	元	角	分	千	百	十	万	千	百	十	元	角	分
库存现金																					
银行存款																					
应收账款																					
其他应收款																					
预付账款																					
原材料																					
周转材料																					
应付账款																					
应交税费																					
生产成本																					
制造费用																					
管理费用																					
销售费用																					
营业外收入																					
合计																					

财会主管：　　　　记账：　　　　复核：　　　　制表：

科目汇总表

编号	汇 03
记字	第　号至第　号　张

年　月　日至　月　日

会计科目	总页	借方金额										贷方金额									
		千	百	十	万	千	百	十	元	角	分	千	百	十	万	千	百	十	元	角	分
库存现金																					
银行存款																					
应收账款																					
其他应收款																					
原材料																					
库存商品																					
固定资产																					
累计折旧																					
固定资产清理																					
累计摊销																					
应付账款																					
其他应付款																					
应付职工薪酬																					
应付利息																					
应交税费																					
应付股利																					
盈余公积																					
利润分配																					
本年利润																					
制造费用																					
生产成本																					
主营业务收入																					
其他业务收入																					
营业外收入																					
主营业务成本																					
其他业务成本																					
税金及附加																					
管理费用																					
销售费用																					
财务费用																					
营业外支出																					
所得税费用																					
合计																					

制表：　　　　财会主管：　　　　记账：　　　　复核：

试算平衡表

科技伴随 高效学习

编制单位：　　　　　　年　月　日　　　　　　单位：

账户名称	期初余额		本期发生额		期末余额	
	借方	贷方	借方	贷方	借方	贷方
库存现金						
银行存款						
应收票据						
应收账款						
其他应收款						
预付账款						
原材料						
周转材料						
库存商品						
固定资产						
固定资产清理						
累计折旧						
无形资产						
累计摊销						
短期借款						
应付账款						
其他应付款						
应付职工薪酬						
应付利息						
应付股利						
应交税费						
应付票据						
长期借款						
实收资本						
盈余公积						
利润分配						
本年利润						
生产成本						
制造费用						
合计						

试算平衡表

科技伴随 高效学习

编制单位：　　　　　　　　　　　　年　　月　　日　　　　　　　　　　　　单位：

账户名称	期初余额		本期发生额		期末余额	
	借方	贷方	借方	贷方	借方	贷方
主营业务收入						
其他业务收入						
营业外收入						
主营业务成本						
其他业务成本						
税金及附加						
管理费用						
销售费用						
财务费用						
营业外支出						
所得税费用						
合计						

五、登记总账账簿

（一）根据科目汇总表，登记总账

空白总账如下：

总 分 类 账

科技伴随 高效学习

科目名称 库存现金

年		凭证		摘要	借方									贷方									借或贷	余额								
月	日	种类	号数		百	十	万	千	百	十	元	角	分	百	十	万	千	百	十	元	角	分		百	十	万	千	百	十	元	角	分

总 分 类 账

科技伴随 高效学习

科目名称 银行存款

年		凭证		摘要	借方									贷方									借或贷	余额								
月	日	种类	号数		百	十	万	千	百	十	元	角	分	百	十	万	千	百	十	元	角	分		百	十	万	千	百	十	元	角	分

总 分 类 账

科技伴随 高效学习

科目名称 应收票据

年		凭证		摘要	借方									贷方									借或贷	余额								
月	日	种类	号数		百	十	万	千	百	十	元	角	分	百	十	万	千	百	十	元	角	分		百	十	万	千	百	十	元	角	分

总 分 类 账

科技伴随 高效学习

科目名称 应收账款

年		凭证		摘要	借方									贷方									借或贷	余额								
月	日	种类	号数		百	十	万	千	百	十	元	角	分	百	十	万	千	百	十	元	角	分		百	十	万	千	百	十	元	角	分

总分类账

科技伴随 高效学习

科目名称 预付账款

年		凭证		摘要	借方									贷方									借或贷	余额								
月	日	种类	号数		百	十	万	千	百	十	元	角	分	百	十	万	千	百	十	元	角	分		百	十	万	千	百	十	元	角	分

总分类账

科技伴随 高效学习

科目名称 其他应收款

年		凭证		摘要	借方									贷方									借或贷	余额								
月	日	种类	号数		百	十	万	千	百	十	元	角	分	百	十	万	千	百	十	元	角	分		百	十	万	千	百	十	元	角	分

总分类账

科技伴随 高效学习

科目名称 原材料

年		凭证		摘要	借方									贷方									借或贷	余额								
月	日	种类	号数		百	十	万	千	百	十	元	角	分	百	十	万	千	百	十	元	角	分		百	十	万	千	百	十	元	角	分

总分类账

科技伴随 高效学习

科目名称 周转材料

年		凭证		摘要	借方									贷方									借或贷	余额								
月	日	种类	号数		百	十	万	千	百	十	元	角	分	百	十	万	千	百	十	元	角	分		百	十	万	千	百	十	元	角	分

总分类账

科技伴随 高效学习

科目名称 库存商品

年		凭证		摘要	借方									贷方									借或贷	余额								
月	日	种类	号数		百	十	万	千	百	十	元	角	分	百	十	万	千	百	十	元	角	分		百	十	万	千	百	十	元	角	分

总分类账

科技伴随 高效学习

科目名称 固定资产

年		凭证		摘要	借方									贷方									借或贷	余额								
月	日	种类	号数		百	十	万	千	百	十	元	角	分	百	十	万	千	百	十	元	角	分		百	十	万	千	百	十	元	角	分

总分类账

科技伴随 高效学习

科目名称 累计折旧

年		凭证		摘要	借方									贷方									借或贷	余额								
月	日	种类	号数		百	十	万	千	百	十	元	角	分	百	十	万	千	百	十	元	角	分		百	十	万	千	百	十	元	角	分

总分类账

科技伴随 高效学习

科目名称 固定资产清理

年		凭证		摘要	借方									贷方									借或贷	余额								
月	日	种类	号数		百	十	万	千	百	十	元	角	分	百	十	万	千	百	十	元	角	分		百	十	万	千	百	十	元	角	分

总分类账

科技伴随 高效学习

科目名称 无形资产

年		凭证		摘要	借方									贷方									借或贷	余额								
月	日	种类	号数		百	十	万	千	百	十	元	角	分	百	十	万	千	百	十	元	角	分		百	十	万	千	百	十	元	角	分

总分类账

科技伴随 高效学习

科目名称 累计摊销

年		凭证		摘要	借方									贷方									借或贷	余额								
月	日	种类	号数		百	十	万	千	百	十	元	角	分	百	十	万	千	百	十	元	角	分		百	十	万	千	百	十	元	角	分

总分类账

科技伴随 高效学习

科目名称 短期借款

年		凭证		摘要	借方									贷方									借或贷	余额								
月	日	种类	号数		百	十	万	千	百	十	元	角	分	百	十	万	千	百	十	元	角	分		百	十	万	千	百	十	元	角	分

总分类账

科技伴随 高效学习

科目名称 应付票据

年		凭证		摘要	借方									贷方									借或贷	余额								
月	日	种类	号数		百	十	万	千	百	十	元	角	分	百	十	万	千	百	十	元	角	分		百	十	万	千	百	十	元	角	分

总分类账

科技伴随 高效学习

科目名称 应付账款

年		凭证		摘要	借方									贷方									借或贷	余额								
月	日	种类	号数		百	十	万	千	百	十	元	角	分	百	十	万	千	百	十	元	角	分		百	十	万	千	百	十	元	角	分

总分类账

科技伴随 高效学习

科目名称 其他应付款

年		凭证		摘要	借方									贷方									借或贷	余额								
月	日	种类	号数		百	十	万	千	百	十	元	角	分	百	十	万	千	百	十	元	角	分		百	十	万	千	百	十	元	角	分

总分类账

科技伴随 高效学习

科目名称 应付职工薪酬

年		凭证		摘要	借方									贷方									借或贷	余额								
月	日	种类	号数		百	十	万	千	百	十	元	角	分	百	十	万	千	百	十	元	角	分		百	十	万	千	百	十	元	角	分

总分类账

科技伴随 高效学习

科目名称 应交税费

年		凭证		摘要	借方									贷方									借或贷	余额								
月	日	种类	号数		百	十	万	千	百	十	元	角	分	百	十	万	千	百	十	元	角	分		百	十	万	千	百	十	元	角	分

总分类账

科技伴随 高效学习

科目名称 应付利息

年		凭证		摘要	借方									贷方									借或贷	余额								
月	日	种类	号数		百	十	万	千	百	十	元	角	分	百	十	万	千	百	十	元	角	分		百	十	万	千	百	十	元	角	分

总分类账

科技伴随 高效学习

科目名称 应付股利

年		凭证		摘要	借方									贷方									借或贷	余额								
月	日	种类	号数		百	十	万	千	百	十	元	角	分	百	十	万	千	百	十	元	角	分		百	十	万	千	百	十	元	角	分

总分类账

科技伴随 高效学习

科目名称 长期借款

年		凭证		摘要	借方									贷方									借或贷	余额								
月	日	种类	号数		百	十	万	千	百	十	元	角	分	百	十	万	千	百	十	元	角	分		百	十	万	千	百	十	元	角	分

总分类账

科技伴随 高效学习

科目名称 实收资本

年		凭证		摘要	借方									贷方									借或贷	余额								
月	日	种类	号数		百	十	万	千	百	十	元	角	分	百	十	万	千	百	十	元	角	分		百	十	万	千	百	十	元	角	分

总分类账

科技伴随　高效学习

科目名称　盈余公积

年		凭证		摘要	借方									贷方									借或贷	余额								
月	日	种类	号数		百	十	万	千	百	十	元	角	分	百	十	万	千	百	十	元	角	分		百	十	万	千	百	十	元	角	分

总分类账

科技伴随　高效学习

科目名称　本年利润

年		凭证		摘要	借方									贷方									借或贷	余额								
月	日	种类	号数		百	十	万	千	百	十	元	角	分	百	十	万	千	百	十	元	角	分		百	十	万	千	百	十	元	角	分

总分类账

科技伴随　高效学习

科目名称　利润分配

年		凭证		摘要	借方									贷方									借或贷	余额								
月	日	种类	号数		百	十	万	千	百	十	元	角	分	百	十	万	千	百	十	元	角	分		百	十	万	千	百	十	元	角	分

总分类账

科技伴随　高效学习

科目名称　生产成本

年		凭证		摘要	借方									贷方									借或贷	余额								
月	日	种类	号数		百	十	万	千	百	十	元	角	分	百	十	万	千	百	十	元	角	分		百	十	万	千	百	十	元	角	分

总分类账

科技伴随 高效学习

科目名称 制造费用

年		凭证		摘要	借方									贷方									借或贷	余额								
月	日	种类	号数		百	十	万	千	百	十	元	角	分	百	十	万	千	百	十	元	角	分		百	十	万	千	百	十	元	角	分

总分类账

科技伴随 高效学习

科目名称 主营业务收入

年		凭证		摘要	借方									贷方									借或贷	余额								
月	日	种类	号数		百	十	万	千	百	十	元	角	分	百	十	万	千	百	十	元	角	分		百	十	万	千	百	十	元	角	分

总分类账

科技伴随 高效学习

科目名称 其他业务收入

年		凭证		摘要	借方									贷方									借或贷	余额								
月	日	种类	号数		百	十	万	千	百	十	元	角	分	百	十	万	千	百	十	元	角	分		百	十	万	千	百	十	元	角	分

总分类账

科技伴随 高效学习

科目名称 主营业务成本

年		凭证		摘要	借方									贷方									借或贷	余额								
月	日	种类	号数		百	十	万	千	百	十	元	角	分	百	十	万	千	百	十	元	角	分		百	十	万	千	百	十	元	角	分

总 分 类 账

科技伴随 高效学习

科目名称 其他业务成本

年		凭证		摘要	借方									贷方									借或贷	余额								
月	日	种类	号数		百	十	万	千	百	十	元	角	分	百	十	万	千	百	十	元	角	分		百	十	万	千	百	十	元	角	分

总 分 类 账

科技伴随 高效学习

科目名称 税金及附加

年		凭证		摘要	借方									贷方									借或贷	余额								
月	日	种类	号数		百	十	万	千	百	十	元	角	分	百	十	万	千	百	十	元	角	分		百	十	万	千	百	十	元	角	分

总 分 类 账

科技伴随 高效学习

科目名称 管理费用

年		凭证		摘要	借方									贷方									借或贷	余额								
月	日	种类	号数		百	十	万	千	百	十	元	角	分	百	十	万	千	百	十	元	角	分		百	十	万	千	百	十	元	角	分

总 分 类 账

科技伴随 高效学习

科目名称 销售费用

年		凭证		摘要	借方									贷方									借或贷	余额								
月	日	种类	号数		百	十	万	千	百	十	元	角	分	百	十	万	千	百	十	元	角	分		百	十	万	千	百	十	元	角	分

总分类账

科技伴随 高效学习

科目名称 财务费用

年		凭证		摘要	借方									贷方									借或贷	余额								
月	日	种类	号数		百	十	万	千	百	十	元	角	分	百	十	万	千	百	十	元	角	分		百	十	万	千	百	十	元	角	分

总分类账

科技伴随 高效学习

科目名称 营业外收入

年		凭证		摘要	借方									贷方									借或贷	余额								
月	日	种类	号数		百	十	万	千	百	十	元	角	分	百	十	万	千	百	十	元	角	分		百	十	万	千	百	十	元	角	分

总分类账

科技伴随 高效学习

科目名称 营业外支出

年		凭证		摘要	借方									贷方									借或贷	余额								
月	日	种类	号数		百	十	万	千	百	十	元	角	分	百	十	万	千	百	十	元	角	分		百	十	万	千	百	十	元	角	分

总分类账

科技伴随 高效学习

科目名称 所得税费用

年		凭证		摘要	借方									贷方									借或贷	余额								
月	日	种类	号数		百	十	万	千	百	十	元	角	分	百	十	万	千	百	十	元	角	分		百	十	万	千	百	十	元	角	分

（二）结账和对账

六、编制会计报表

资产负债表

编制单位：　　　　　　　　　　2022 年 12 月 31 日　　　　　　　　　　单位：　元

资　　产	期末余额	年初余额	负债和所有者权益（股东权益）	期末余额	年初余额
流动资产：			流动负债：		
货币资金			短期借款		
交易性金融资产			交易性金融负债		
应收票据			应付票据		
应收账款			应付账款		
预付款项			预收款项		
应收利息			应付职工薪酬		
应收股利			应交税费		
其他应收款			应付利息		
存货			应付股利		
一年内到期的非流动资产			其他应付款		
其他流动资产			一年内到期的非流动负债		
流动资产合计			其他流动负债		
非流动资产：			流动负债合计		
可供出售金融资产			非流动负债：		
持有至到期投资			长期借款		
长期应收款			应付债券		
长期股权投资			长期应付款		
投资性房地产			专项应付款		
固定资产			预计负债		
在建工程			递延所得税负债		
工程物资			其他非流动负债		
固定资产清理			非流动负债合计		
生产性生物资产			负债合计		
油气资产			所有者权益（股东权益）		
无形资产			实收资本（股本）		
开发支出			资本公积		
商誉			减：库存股		
长期待摊费用			专项储备		
递延所得税资产			盈余公积		
其他非流动资产			未分配利润		
非流动资产合计			所有者权益（股东权益）合计		
资产总计			负债和所有者权益（股东权益）总计		

利润表

会企 02 表

编制单位： 2022 年 12 月 单位： 元

项 目	行次	本月金额	本年累计金额
一、营业收入			
减：营业成本			
营业税金及附加			
销售费用			
管理费用			
财务费用			
资产减值损失			
加：公允价值变动收益(损失以“-”号填列)			
投资收益(损失以“-”号填列)			
其中：对联营企业和合营企业的投资收益			
二、营业利润(损失以“-”号填列)			
加：营业外收入			
减：营业外支出			
其中：非流动资产处置损失			
三、利润总额(损失以“-”号填列)			
减：所得税费用			
四、净利润(损失以“-”号填列)			
五、每股收益：			
基本每股收益			
稀释每股收益			
六、综合收益			
其他综合收益			
综合收益总额			

七、填制纳税相关表格

（一）增值税及附加申报表（主表）

增值税及附加税费申报表

（一般纳税人适用）

根据国家税收法律法规及增值税相关规定制定本表。纳税人不论有无销售额，均应按税务机关核定的纳税期限填写本表，并向当地税务机关申报。

税款所属时间：自　　年　月　日至　　年　月　日　　　　填表日期：　　年　月　日　　　　金额单位：　　元（列至角分）

纳税人识别号（统一社会信用代码）：□□□□□□□□□□□□□□□□□□□□　　　　所属行业：

纳税人名称：		法定代表人姓名		注册地址		生产经营地址	
开户银行及账号			登记注册类型			电话号码	

项目		栏次	一般项目		即征即退项目	
			本月数	本年累计	本月数	本年累计
销售额	（一）按适用税率计税销售额	1				
	其中：应税货物销售额	2				
	应税劳务销售额	3				
	纳税检查调整的销售额	4				
	（二）按简易办法计税销售额	5				
	其中：纳税检查调整的销售额	6				
	（三）免、抵、退办法出口销售额	7			—	—
	（四）免税销售额	8			—	—
	其中：免税货物销售额	9			—	—
	免税劳务销售额	10			—	—
税款计算	销项税额	11				
	进项税额	12				
	上期留抵税额	13				—
	进项税额转出	14				

续表

项目		栏次	一般项目		即征即退项目	
			本月数	本年累计	本月数	本年累计
税款计算	免、抵、退应退税额	15			—	—
	按适用税率计算的纳税检查应补缴税额	16			—	—
	应抵扣税额合计	17=12+13-14-15+16		—		—
	实际抵扣税额	18(如17<11，则为17，否则为11)				
	应纳税额	19=11-18				
	期末留抵税额	20=17-18				—
	简易计税办法计算的应纳税额	21				
	按简易计税办法计算的纳税检查应补缴税额	22			—	—
	应纳税额减征额	23				
	应纳税额合计	24=19+21-23				
税款缴纳	期初未缴税额(多缴为负数)	25				
	实收出口开具专用缴款书退税额	26			—	—
	本期已缴税额	27=28+29+30+31				
	①分次预缴税额	28		—		—
	②出口开具专用缴款书预缴税额	29		—	—	—
	③本期缴纳上期应纳税额	30				
	④本期缴纳欠缴税额	31				
	期末未缴税额(多缴为负数)	32=24+25+26-27				
	其中：欠缴税额(≥0)	33=25+26-27		—		—
	本期应补(退)税额	34=24-28-29		—		—
	即征即退实际退税额	35	—	—		
	期初未缴查补税额	36			—	—
	本期入库查补税额	37			—	—
	期末未缴查补税额	38=16+22+36-37			—	—

续表

项目		栏次	一般项目		即征即退项目	
			本月数	本年累计	本月数	本年累计
附加税费	城市维护建设税本期应补(退)税额	39			—	—
	教育费附加本期应补(退)费额	40			—	—
	地方教育附加本期应补(退)费额	41			—	—

声明：此表是根据国家税收法律法规及相关规定填写的，本人(单位)对填报内容(及附带资料)的真实性、可靠性、完整性负责。

纳税人(签章)：　　年　月　日

经办人： 经办人身份证号： 代理机构签章： 代理机构统一社会信用代码：	受理人： 受理税务机关(章)：　　受理日期：　年　月　日

（二）所得税申报表

中华人民共和国
企业所得税月(季)度预缴纳税申报表

税款所属期间：　　年　　月　　日至　　年　　月　　日

纳税人识别号：□□□□□□□□□□□□□□□□□□

纳税人名称：　　　　　　　　　　　　　　　　　金额单位：　人民币元(列至角分)

行次	项　　目	本期金额	累计金额
1	一、按照实际利润额预缴		
2	营业收入		
3	营业成本		
4	利润总额		
5	加：特定业务计算的应纳税所得额		
6	减：不征税收入		
7	免税收入		
8	减征、免征应纳税所得额		
9	弥补以前年度亏损		
10	实际利润额(4行+5行-6行-7行-8行-9行)		
11	税率(25%)		
12	应纳所得税额		
13	减：减免所得税额		
14	其中：符合条件的小型微利企业减免所得税额		
15	减：实际已预缴所得税额	—	
16	减：特定业务预缴(征)所得税额		
17	应补(退)所得税额(12行-13行-15行-16行)	—	
18	减：以前年度多缴在本期抵缴所得税额		
19	本月(季)实际应补(退)所得税额	—	
20	二、按照上一纳税年度应纳税所得额平均额预缴		
21	上一纳税年度应纳税所得额	—	
22	本月(季)应纳税所得额(21行×1/4或1/12)		
23	税率(25%)		
24	本月(季)应纳所得税额(22行×23行)		
25	减：符合条件的小型微利企业减免所得税额		
26	本月(季)实际应纳所得税额(24行-25行)		
27	三、按照税务机关确定的其他方法预缴		
28	本月(季)税务机关确定的预缴所得税额		
29	总分机构纳税人		

续表

<table>
<tr><th>行次</th><th colspan="2">项　　目</th><th>本期金额</th><th>累计金额</th></tr>
<tr><td>30</td><td rowspan="4">总机构</td><td>总机构分摊所得税额(19 行或 26 行或 28 行×总机构分摊预缴比例)</td><td></td><td></td></tr>
<tr><td>31</td><td>财政集中分配所得税额</td><td></td><td></td></tr>
<tr><td>32</td><td>分支机构分摊所得税额(19 行或 26 行或 28 行×分支机构分摊比例)</td><td></td><td></td></tr>
<tr><td>33</td><td>其中：总机构独立生产经营部门应分摊所得税额</td><td></td><td></td></tr>
<tr><td>34</td><td rowspan="2">分支机构</td><td>分配比例</td><td></td><td></td></tr>
<tr><td>35</td><td>分配所得税额</td><td></td><td></td></tr>
</table>

<table>
<tr><td colspan="3">谨声明：此纳税申报表是根据《中华人民共和国企业所得税法》《中华人民共和国企业所得税法实施条例》和国家有关税收规定填报的，是真实的、可靠的、完整的。

法定代表人(签字)：　　　　年　月　日</td></tr>
<tr><td>纳税人公章：

会计主管：

填表日期：　　年　月　日</td><td>代理申报中介机构公章：

经办人：
经办人执业证件号码：
代理申报日期：　　年　月　日</td><td>主管税务机关受理专用章：

受理人：

受理日期：　　年　月　日</td></tr>
</table>

国家税务总局监制

项目三 商品流通业企业会计模拟实训

任务一 商品流通业务常用的核算方法

学习目标

- 了解商品流通企业的四种常用的核算方法。
- 能够区分四种方法的优缺点和适用范围。

常用方法	内　容	优　点	缺　点	适用范围
数量进价金额	①库存商品设总账核算商品进价总额 ②明细账反映商品数量和进价及金额	能够按数量和规格来反映库存商品的进、销、存的数量及进价金额的变动，利于管理	每笔业务都必须填凭证，都要按品种、规格登明细，工作量较大	①批发企业 ②部分专业性零售企业
数量售价金额	①库存商品设总账核算商品售价总额，明细账反映商品数量和售价及金额 ②设置“商品进销差价”反映售价与进价金额的差价，期末来分摊商品进售差价，从而来调整已销和结存商品的成本	同上	每遇售价变动，就要盘存，调整商品金额和差价 核算工作量大	①经营金额小、批量较少的小型批发企业 ②零售企业的库存商品和贵重商品
售价金额	①售价金额控制 ②设置“商品进销差价” ③成本按综合差价率来计算			商品零售企业
进价金额	①进价入账 ②按大类和柜组设置明细账 ③以存计销方法	可以简化核算手续，节约人力、物力	但手续不严密，平时不能掌握库存情况，不便于控制与管理	经营鲜活的商品零售企业

任务二　企业基本情况

 学习目标

- 了解主体的基本情况。
- 能够根据原始凭证反映的经济内容准确无误地编制记账凭证。
- 根据记账凭证登记明细账簿。
- 通过试算平衡编制科目汇总表，而后登记总账账簿。
- 编制资产负债表和利润表。

企业名称	重庆市两江商贸有限公司	法人代表(经理)	朴星明
注册地址	渝北区宝桐路998号	注册资本	100万元
经济类型	有限责任公司	经营方式	商品零售和批发
开户银行账号	工行回兴分理处	经营范围	各种服装、百货及副食品
银行账号	6221123456669090011		
联系电话	02367456789	纳税项目	增值税16%、城建税7%、教育费附加税3%、地方教育附加2%、所得税25%
会计主管	肖彬		
出纳员	刘得		
会计	陈信		
库管员	高兴	纳税识别码	91500112M046937510
经营期限：2017~2022		社会信用码	91500112M046937510
		收款国库	工行两路分理处

注：本企业采用记账凭证核算程序，实行数量进价金额核算法。

任务三　企业期初数据

（1）重庆市两江商贸有限公司2022年12月初总账余额如下表：

单位：元

总账科目	借或贷	借方余额	总账科目	贷方余额	借或贷
库存现金	借	17 000	应付账款	贷	88 000

续表

总账科目	借或贷	借方余额	总账科目	贷方余额	借或贷
银行存款	借	258 000	应交税费	贷	8 500
应收账款	借	96 000	应付职工薪酬	贷	5 000
库存商品	借	340 000	长期借款	贷	60 000
周转材料	借	30 000	应付利息	贷	11 000
固定资产	借	1 000 000	实收资本	贷	1 000 000
累计折旧	贷	105 000	盈余公积	贷	90 000
			本年利润	贷	202 500
			利润分配	贷	171 000
合计		1 636 000	合计		1 636 000

(2) 重庆市两江商贸有限公司 2018 年 11 月初各明细账余额如下:

① 应收账款:成都红星公司 50 000 元,南川中建公司 46 000 元;

② 周转材料:纸箱 4 000 个,单价 2.5 元,包装袋 100 000 个,每个 0.2 元;

③ 库存商品:

柜组	商品名称	单位	数量	单位进价	金额(元)
百货组	吹风机	个	500	20	10 000
	台灯	盏	400	50	20 000
服装组	男西服	套	300	600	180 000
	女西服	套	100	300	30 000
副食组	方便面	桶	20 000	4	80 000
	食用盐	包	20 000	1.00	20 000

④ 固定资产及折旧:

设备名称	原值	已提折旧	净值
房屋建筑物	650 000	100 000	550 000
设备	350 000	5 000	345 000
合计	1 000 000	105 000	895 000

⑤ 应付账款:重庆段记制衣有限公司贷方余额 88 000 元;

⑥ 应交税费明细:

税　　种	借或贷	金额(元)
未交增值税	贷	7 000
城市维护建设税	贷	490
教育费附加税	贷	210
地方教育费附加税		140
个人所得税	贷	660

⑦ 应付职工薪酬的明细为职工福利费余额；

⑧ 应付利息为 1～11 月份计提的长期借款利息；

⑨ 实收资本：华新实业公司 600 000 元，龙石高科技公司 400 000 元；

⑩ 本年利润为 1～11 月份实现的利润总额；

⑪ 盈余公积为法定盈余公积。

任务四　企业 2022 年 12 月主要经济业务

(1) 12 月 1 日，收到重庆两江集团公司投资 200 000 元，款存银行；

(2) 12 月 1 日，从重庆段记制衣有限公司购入男西服 100 套，单价每套 600 元，女西服 80 套，每套 250 元，价税合计 90 400 元；商品已入库，款已支付；

(3) 12 月 2 日，开出支票提现备用；

(4) 12 月 4 日，管理部门郭静到成都开会预借现金 3 000 元；

(5) 12 月 6 日，从重庆市五金交电公司购进吹风机 100 个，单价为 20 元，台灯 200 盏，每盏 50 元，价税合计 13 560 元，商品已入库，款已支付；

(6) 12 月 10 日，交纳上月的流转税；

(7) 12 月 12 日，收到成都红星公司所欠货款 50 000 元，款已存入银行账户；

(8) 12 月 12 日，销售给重庆南方公司男西服 50 套，每套 1 000 元，女西服 50 套，每套 800 元，价税合计 101 700 元，款项已收存银行；

(9) 12 月 13 日，郭静从成都回来，报销差旅费 1 500 元，退回余款 1 500 元；

(10) 12 月 14 日，百货组领用周转材料纸箱 200 个，单价 2.5 元，共计 500 元；

(11) 12 月 17 日，结算上半个月的销售收入，款存银行；

(12) 12 月 18 日，从税务局购进印花税 50 元；

(13) 12 月 20 日，收到南川中建公司所欠货款 10 000 元，款已存入银行；

(14) 12 月 24 日，结算销售收入，款存银行；

(15) 12 月 30 日，管理部门领用纸箱 400 个，每个 2.5 元，共计 1 000 元；

(16) 12 月 31 日，计提本月长期借款利息 1 000 元；

(17) 12 月 31 日，结算本月职工工资；

（18）12 月 31 日，按职工工资计提三项经费；
（19）12 月 31 日，计提本月固定资产折旧费；
（20）12 月 31 日，结转本月销售产品的成本；
（21）12 月 31 日，计算并结转本月未交增值税；
（22）12 月 31 日，计算城建税和教育附加等；
（23）12 月 31 日，结转本月损益收入类；
（24）12 月 31 日，结转本月损益成本费用类；
（25）12 月 31 日，计算所得税；
（26）12 月 31 日，结转所得税；
（27）12 月 31 日，将本年利润结转入未分配利润；
（28）12 月 31 日，按 10%计提盈余公积；
（29）12 月 31 日，结转盈余公积。

任务五　企业 2022 年 12 月经济业务原始凭证

1-1

重庆市两江商贸有限公司 收款收据　　No：98816925　科技伴随 高效学习

2022 年 12 月 01 日

交款单位或个人	重庆两江集团公司				
款项内容	投资款			收款方式	转账支票
人民币（大写）	贰拾万元整				￥200,000.00
收款单位盖章	重庆市两江商贸有限公司财务专用章	收款人签字	刘得	经办人	

第三联　记账联

开票单位（公章）　　开票人：陈信　　2022 年 12 月 01 日

1-2

中国工商银行　　**进账单（回　单）** 1　　科技伴随 高效学习

2022 年 12 月 01 日　　№ 73435039

出票人	全　称	重庆两江集团公司	收款人	全　称	重庆市两江商贸有限公司
	账　号	62223100345611		账　号	62211234566690
	开户银行	工行两江分行营业部		开户银行	工行回兴分理处
金额	人民币（大写）	贰拾万元整		亿千百十万千百十元角分	￥20000000
票据种类	转账支票	票据张数	1张		
票据号码	98760021				
复核　记账				工行回兴分理处 2022.12.01 转讫　开户银行签章	

此联是开户银行交给持（出）票人的回单

2-1

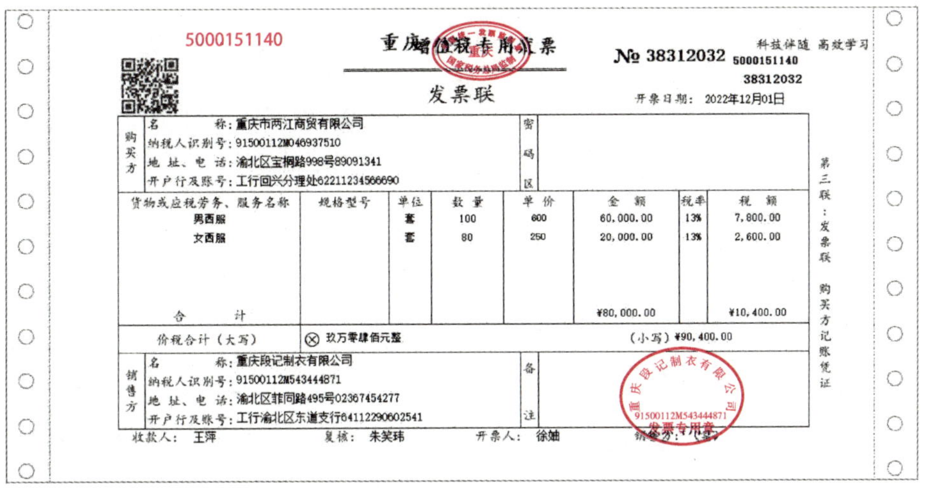

5000151140

重庆增值税专用发票

№ 38312032　5000151140　38312032

发票联

开票日期：2022年12月01日

购买方	名称：重庆市两江商贸有限公司 纳税人识别号：91500112M046937510 地址、电话：渝北区宝桐路998号89091341 开户行及账号：工行回兴分理处62211234566690	密码区					
货物或应税劳务、服务名称	规格型号	单位	数量	单价	金额	税率	税额
男西服		套	100	600	60,000.00	13%	7,800.00
女西服		套	80	250	20,000.00	13%	2,600.00
合计					¥80,000.00		¥10,400.00
价税合计（大写）	⊗玖万零肆佰元整				（小写）¥90,400.00		
销售方	名称：重庆段记制衣有限公司 纳税人识别号：91500112M543444871 地址、电话：渝北区菲同路495号02367454277 开户行及账号：工行渝北区东道支行64112290602541	备注					

收款人：王萍　复核：朱笑玮　开票人：徐灿

第三联：发票联　购买方记账凭证

2-2

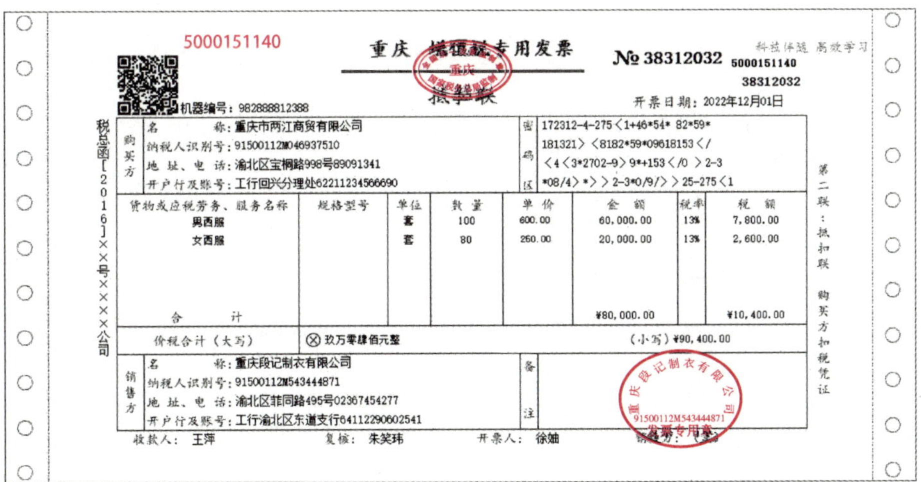

5000151140

重庆增值税专用发票

№ 38312032　5000151140　38312032

抵扣联

机器编号：982888812388

开票日期：2022年12月01日

购买方	名称：重庆市两江商贸有限公司 纳税人识别号：91500112M046937510 地址、电话：渝北区宝桐路998号89091341 开户行及账号：工行回兴分理处62211234566690	密码区	172312-4-275<1+46*54* 82*59* 181321><8182*59*09618153</ <4<3*2702-9>9*+153</0 >2-3 *08/4>*>>2-3*0/9/>>25-275<1				
货物或应税劳务、服务名称	规格型号	单位	数量	单价	金额	税率	税额
男西服		套	100	600.00	60,000.00	13%	7,800.00
女西服		套	80	250.00	20,000.00	13%	2,600.00
合计					¥80,000.00		¥10,400.00
价税合计（大写）	⊗玖万零肆佰元整				（小写）¥90,400.00		
销售方	名称：重庆段记制衣有限公司 纳税人识别号：91500112M543444871 地址、电话：渝北区菲同路495号02367454277 开户行及账号：工行渝北区东道支行64112290602541	备注					

收款人：王萍　复核：朱笑玮　开票人：徐灿

税总函[2016]××号××××公司

第二联：抵扣联　购买方扣税凭证

2-3

重庆市两江商贸有限公司收货单

2022 年 12 月 01 日　　第 123 号

供货单位：重庆段记西服有限公司						收货部门：服装组	
商品编号	品名	规格	单位	单价	应收	实收	金额
	男西服		套	600.00	100	100	60 000.00
	女西服		套	250.00	80	80	20 000.00
	合计				180	180	80 000.00

会计记账联

会计主管：肖彬　　　　制单：高兴

2-4

中国工商银行
转账支票存根

10205020
81167583

附加信息

出票日期 2022 年 12 月 01 日

收款人：	重庆段记制衣有限公司
金 额：	¥90,400.00
用 途：	支票购货款

单位主管 肖彬　　会计 陈信

××印务有限公司 ××年印制

3-1

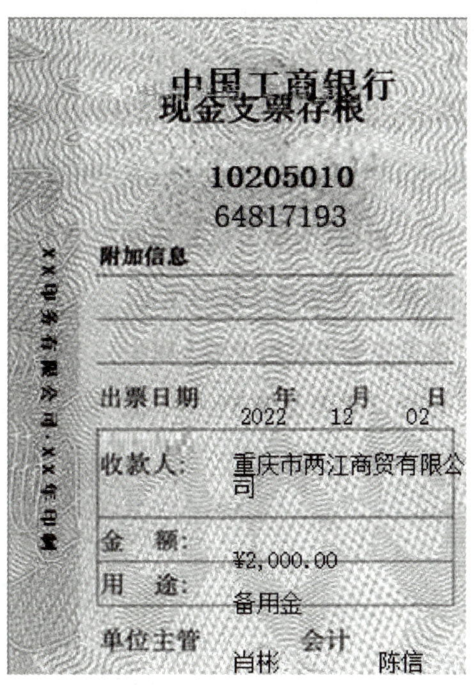

中国工商银行
现金支票存根

10205010
64817193

附加信息

出票日期 2022 年 12 月 02 日

收款人：重庆市两江商贸有限公司

金 额：¥2,000.00

用 途：备用金

单位主管 肖彬 会计 陈信

4-1

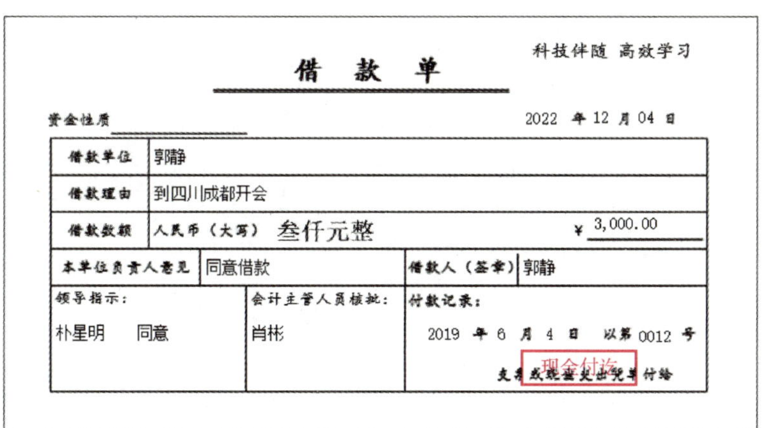

借 款 单

科技伴随 高效学习

资金性质

2022 年 12 月 04 日

借款单位	郭静		
借款理由	到四川成都开会		
借款数额	人民币（大写）叁仟元整 ¥ 3,000.00		
本单位负责人意见	同意借款	借款人（签章）	郭静
领导指示：朴星明 同意	会计主管人员核批：肖彬	付款记录：2019 年 6 月 4 日 以第 0012 号 支票或现金支出凭单付给 现金付讫	

5-1

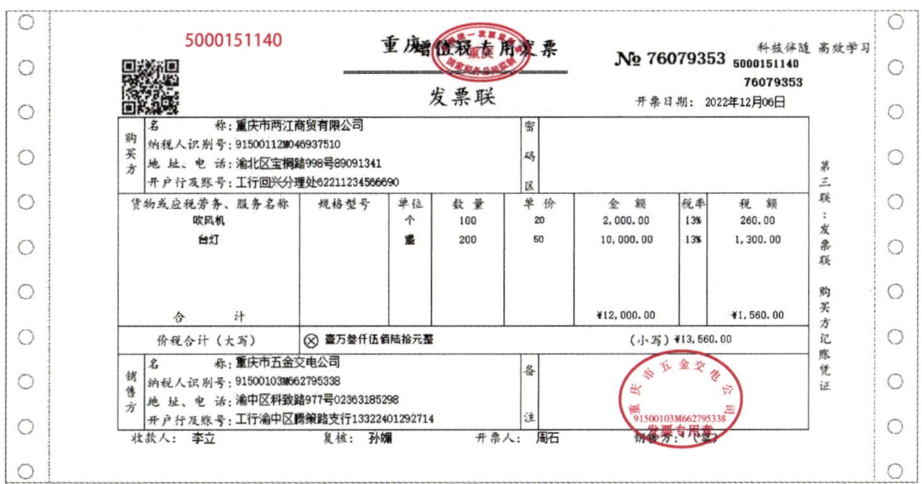

5000151140　重庆增值税专用发票　№ 76079353　5000151140　76079353　科技伴随　高效学习

发票联　开票日期：2022年12月06日

购买方	名　　称：重庆市两江商贸有限公司 纳税人识别号：91500112M046937510 地 址、电 话：渝北区宝桐路998号89091341 开户行及账号：工行回兴分理处62211234566690	密码区					
货物或应税劳务、服务名称	规格型号	单位	数量	单价	金额	税率	税额
吹风机		个	100	20	2,000.00	13%	260.00
台灯		盏	200	50	10,000.00	13%	1,300.00
合　　计					¥12,000.00		¥1,560.00
价税合计（大写）	⊗壹万叁仟伍佰陆拾元整				（小写）¥13,560.00		
销售方	名　　称：重庆市五金交电公司 纳税人识别号：91500103M662795338 地 址、电 话：渝中区科致路977号02363185298 开户行及账号：工行渝中区腾策路支行13322401292714	备注	重庆市五金交电公司 91500103M662795338 发票专用章				

收款人：李立　复核：孙孄　开票人：周石　销售方：（章）

第三联：发票联　购买方记账凭证

5-2

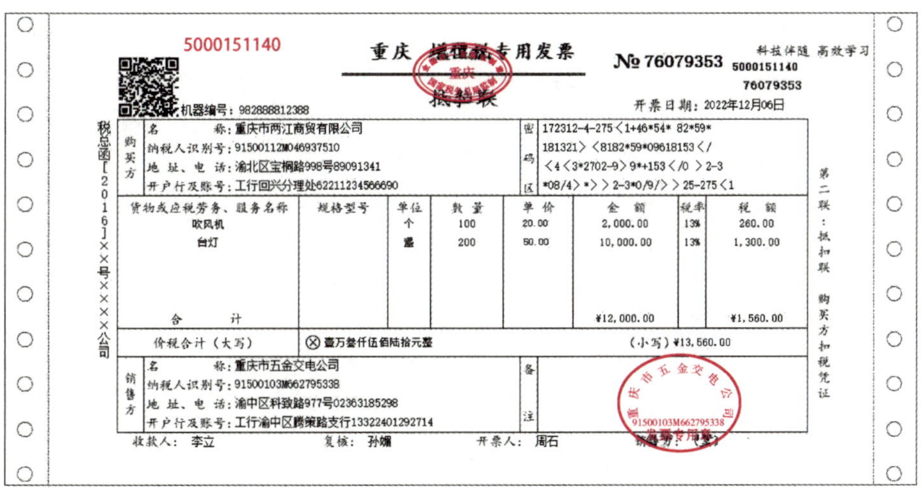

税总函[2016]××号××××公司

5000151140　重庆增值税专用发票　№ 76079353　5000151140　76079353　科技伴随　高效学习

机器编号：982888812388　抵扣联　开票日期：2022年12月06日

购买方	名　　称：重庆市两江商贸有限公司 纳税人识别号：91500112M046937510 地 址、电 话：渝北区宝桐路998号89091341 开户行及账号：工行回兴分理处62211234566690	密码区	172312-4-275＜1+46*54* 82*59* 181321＞＜8182*59*09618153＜/ ＜4＜3*2702-9＞9*+153＜/0 ＞2-3 *08/4＞*＞＞2-3*0/9/＞＞25-275＜1				
货物或应税劳务、服务名称	规格型号	单位	数量	单价	金额	税率	税额
吹风机		个	100	20.00	2,000.00	13%	260.00
台灯		盏	200	50.00	10,000.00	13%	1,300.00
合　　计					¥12,000.00		¥1,560.00
价税合计（大写）	⊗壹万叁仟伍佰陆拾元整				（小写）¥13,560.00		
销售方	名　　称：重庆市五金交电公司 纳税人识别号：91500103M662795338 地 址、电 话：渝中区科致路977号02363185298 开户行及账号：工行渝中区腾策路支行13322401292714	备注	重庆市五金交电公司 91500103M662795338 发票专用章				

收款人：李立　复核：孙孄　开票人：周石　销售方：（章）

第二联：抵扣联　购买方扣税凭证

5-3

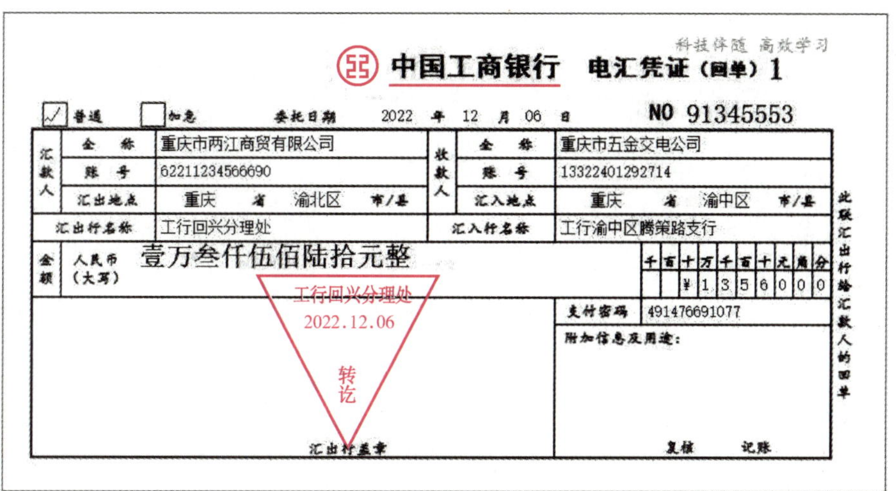

中国工商银行 电汇凭证（回单）1

科技伴随 高效学习

☑普通 □加急 委托日期 2022 年 12 月 06 日 NO 91345553

汇款人	全称	重庆市两江商贸有限公司	收款人	全称	重庆市五金交电公司
	账号	62211234566690		账号	13322401292714
	汇出地点	重庆 省 渝北区 市/县		汇入地点	重庆 省 渝中区 市/县
汇出行名称		工行回兴分理处	汇入行名称		工行渝中区腾策路支行
金额	人民币（大写）	壹万叁仟伍佰陆拾元整			¥1356000
			支付密码		491476691077
			附加信息及用途：		

工行回兴分理处 2022.12.06 转讫

汇出行盖章　　复核　记账

此联汇出行给汇款人的回单

5-4

重庆市两江商贸公司收货单

2022 年 12 月 06 日　　　第 1290 号

供货单位：重庆五金交电公司				收货部门：百货组			
商品编号	品名	规格	单位	单价	应收	实收	金额
	吹风机		个	100	20	2000	2000.00
	台灯		盏	200	50	10000	10000.00
	合计						12000.00

主管：肖彬　　复核：陈信　　仓库保管员：高兴

6-1

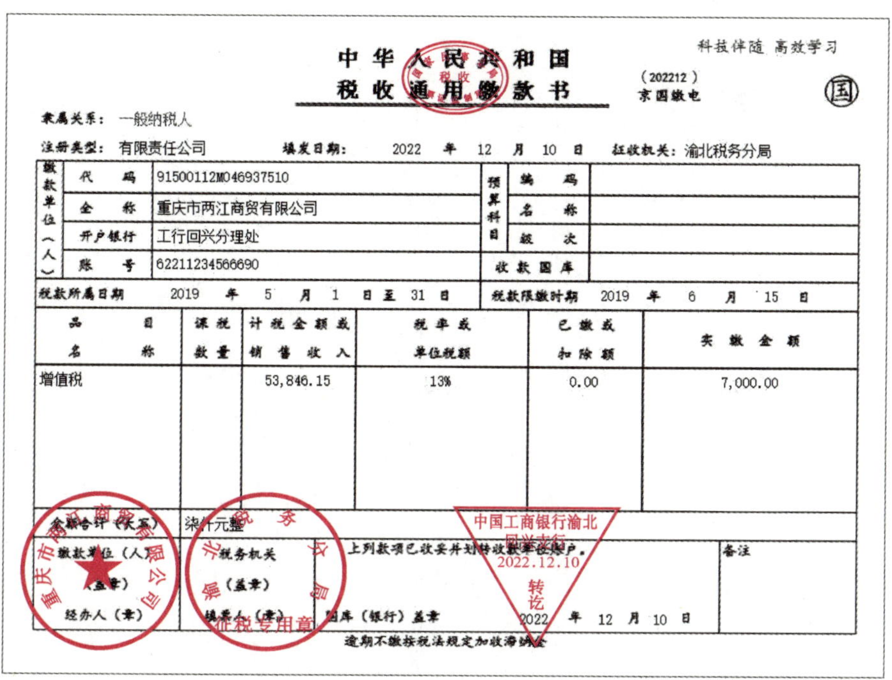

中华人民共和国
税收通用缴款书

科技伴随 高效学习

(202212)
京国缴电

国

隶属关系：一般纳税人

注册类型：有限责任公司　　填发日期：2022 年 12 月 10 日　　征收机关：渝北税务分局

缴款单位（人）			预算科目	
	代码	91500112M046937510	编码	
	全称	重庆市两江商贸有限公司	名称	
	开户银行	工行回兴分理处	级次	
	账号	62211234566690	收款国库	

税款所属日期　2019 年 5 月 1 日至 31 日　　税款限缴时期　2019 年 6 月 15 日

品目名称	课税数量	计税金额或销售收入	税率或单位税额	已缴或扣除额	实缴金额
增值税		53,846.15	13%	0.00	7,000.00

金额合计（大写）柒仟元整

缴款单位（人）（盖章） 经办人（章）	税务机关（盖章） 填票人（章）	上列款项已收妥并划转收款单位账户。 国库（银行）盖章　2022 年 12 月 10 日	备注

逾期不缴按税法规定加收滞纳金

重庆市两江商贸有限公司

渝北税务分局 征税专用章

中国工商银行渝北回兴支行 2022.12.10 转讫

6-2

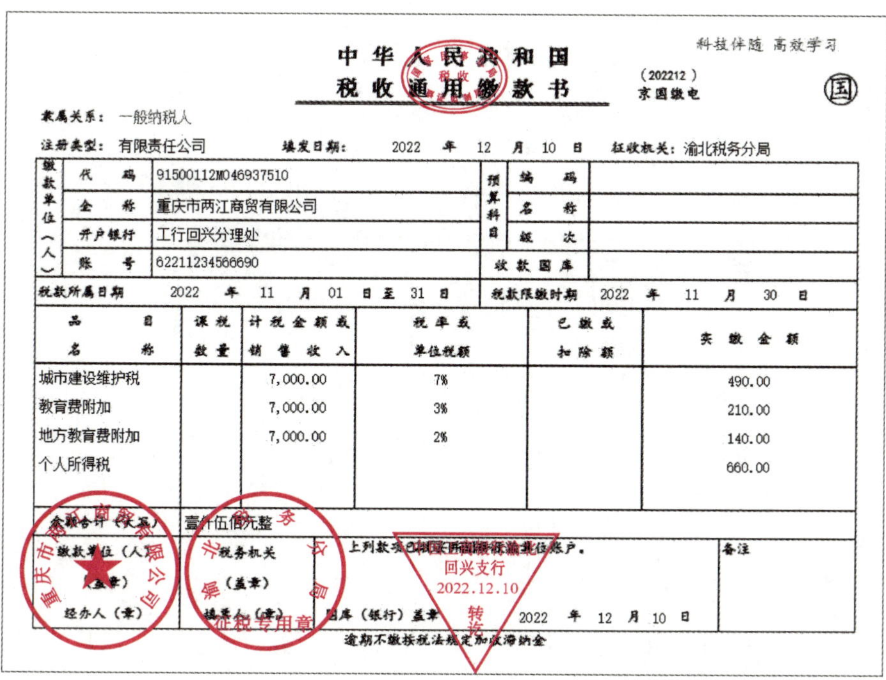

中华人民共和国
税收通用缴款书

科技伴随 高效学习

(202212)
京国缴电

国

隶属关系：一般纳税人

注册类型：有限责任公司　　填发日期：2022 年 12 月 10 日　　征收机关：渝北税务分局

缴款单位（人）			预算科目	
	代码	91500112M046937510	编码	
	全称	重庆市两江商贸有限公司	名称	
	开户银行	工行回兴分理处	级次	
	账号	62211234566690	收款国库	

税款所属日期　2022 年 11 月 01 日至 31 日　　税款限缴时期　2022 年 11 月 30 日

品目名称	课税数量	计税金额或销售收入	税率或单位税额	已缴或扣除额	实缴金额
城市建设维护税		7,000.00	7%		490.00
教育费附加		7,000.00	3%		210.00
地方教育费附加		7,000.00	2%		140.00
个人所得税					660.00

金额合计（大写）壹仟伍佰元整

缴款单位（人）（盖章） 经办人（章）	税务机关（盖章） 填票人（章）	上列款项已收妥并划转收款单位账户。 国库（银行）盖章　2022 年 12 月 10 日	备注

逾期不缴按税法规定加收滞纳金

重庆市两江商贸有限公司

渝北税务分局 征税专用章

回兴支行 2022.12.10 转讫

7-1

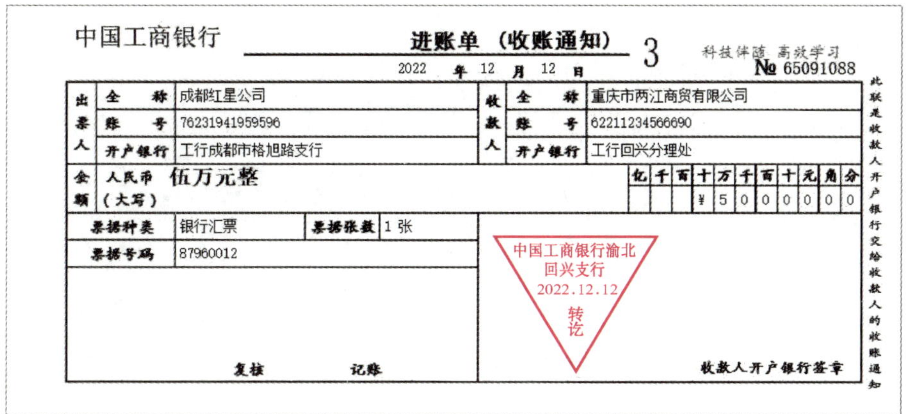

中国工商银行　　**进账单（收账通知）**　3

科技伴随 高效学习

2022 年 12 月 12 日　　№ 65091088

出票人	全称	成都红星公司	收款人	全称	重庆市两江商贸有限公司
	账号	76231941959596		账号	62211234566690
	开户银行	工行成都市格旭路支行		开户银行	工行回兴分理处
金额	人民币（大写）	伍万元整		亿千百十万千百十元角分	¥ 5 0 0 0 0 0 0
票据种类	银行汇票	票据张数	1 张		
票据号码	87960012				

复核　　记账　　　　收款人开户银行签章

中国工商银行渝北回兴支行 2022.12.12 转讫

此联是收款人开户银行交给收款人的收账通知

8-1

5000151140　　**重庆增值税专用发票**　　№ 55613001　5000151140　55613001

科技伴随 高效学习

此联不作报销、扣税凭证使用　　开票日期：2022年12月12日

购买方	名称：重庆南方公司 纳税人识别号：91500107M096079763 地址、电话：九龙坡区鑫泽路200号02368818486 开户行及账号：工行九龙坡区美尼路支行09485699874422	密码区					
货物或应税劳务、服务名称	规格型号	单位	数量	单价	金额	税率	税额
男西服		套	50	1000	50,000.00	13%	6,500.00
女西服		套	50	800	40,000.00	13%	5,200.00
合计					¥90,000.00		¥11,700.00
价税合计（大写）	⊗壹拾万壹仟柒佰元整				（小写）¥101,700.00		
销售方	名称：重庆市两江商贸有限公司 纳税人识别号：91500112M046937510 地址、电话：渝北区宝桐路998号89091341 开户行及账号：工行回兴分理处62211234566690	备注					

收款人：刘得　　复核：陈信　　开票人：刘得　　销售方：（章）

第一联：记账联　销售方记账凭证

8-2

科技伴随 高效学习

出　库　单　　No. 38302343

购货单位：重庆南方公司　　2022 年 12 月 12 日

编号	品名	规格	单位	数量	单价	金额	备注
	男西服		套	50	600.00	30,000.00	
	女西服		套	50	300.00	15,000.00	
合计						45,000.00	

仓库主管：高兴　　记账：陈信　　保管：马秀　　经手人：马秀　　制单：马秀

第一联 存根联

9-1

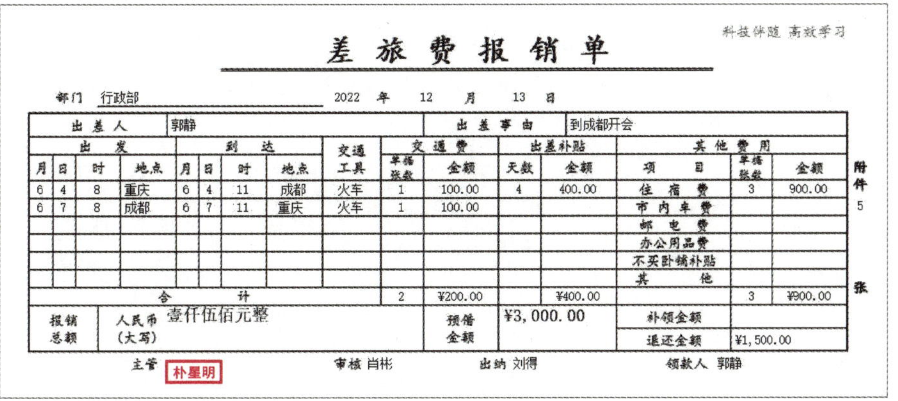

差旅费报销单

部门 行政部　　2022 年 12 月 13 日

出差人	郭静										出差事由	到成都开会			
出发				到达				交通工具	交通费		出差补贴		其他费用		
月	日	时	地点	月	日	时	地点		单据张数	金额	天数	金额	项目	单据张数	金额
6	4	8	重庆	6	4	11	成都	火车	1	100.00	4	400.00	住宿费	3	900.00
6	7	8	成都	6	7	11	重庆	火车	1	100.00			市内车费		
													邮电费		
													办公用品费		
													不买卧铺补贴		
													其他		
合计									2	¥200.00		¥400.00		3	¥900.00
报销总额	人民币（大写）	壹仟伍佰元整							预借金额	¥3,000.00			补领金额		
													退还金额	¥1,500.00	

附件 5 张

主管 朴星明　　审核 肖彬　　出纳 刘得　　领款人 郭静

9-2

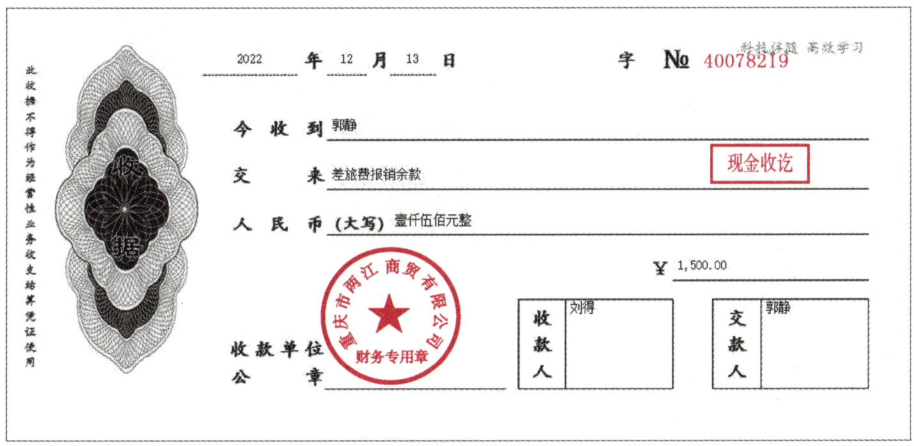

收据

此收据不得作为经营性业务收支结算凭证使用

2022 年 12 月 13 日　　字 № 40078219

今收到 郭静

交来 差旅费报销余款　　现金收讫

人民币（大写） 壹仟伍佰元整

¥ 1,500.00

收款单位公章 重庆市两江商贸有限公司 财务专用章

收款人 刘得　　交款人 郭静

9-3

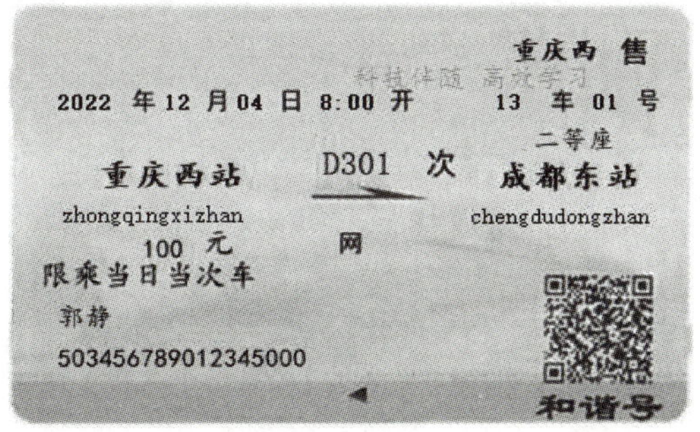

重庆西 售

2022 年 12 月 04 日 8:00 开　　13 车 01 号

二等座

重庆西站 D301 次 成都东站

zhongqingxizhan　　chengdudongzhan

100 元　　网

限乘当日当次车

郭静

503456789012345000

和谐号

9-4

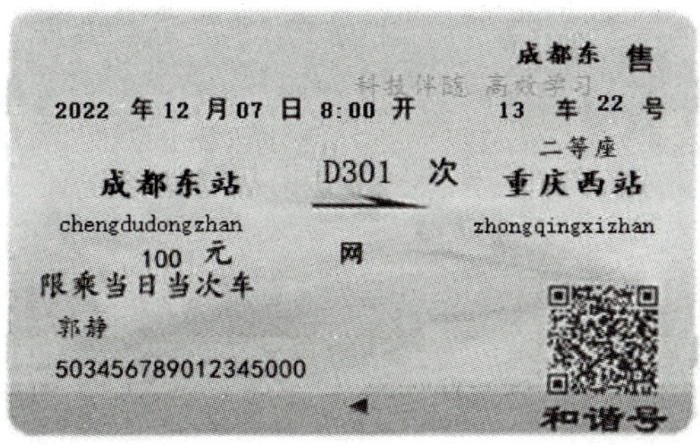
成都东 售

2022 年 12 月 07 日 8:00 开　　13 车 22 号

二等座

成都东站　D301 次　重庆西站

chengdudongzhan　　zhongqingxizhan

100 元　　网

限乘当日当次车

郭静

503456789012345000

和谐号

9-5

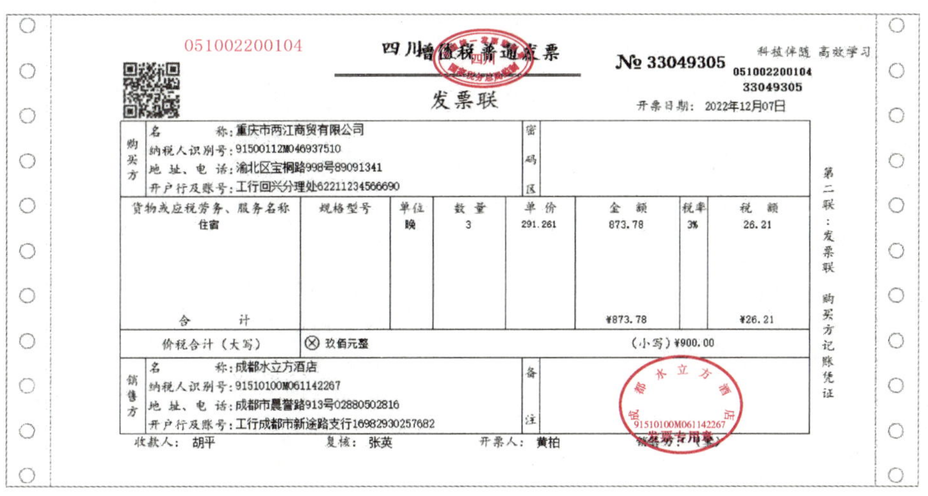
051002200104

四川增值税普通发票

№ 33049305　　051002200104　33049305

发票联

开票日期：2022年12月07日

购买方　名　　称：重庆市两江商贸有限公司
纳税人识别号：91500112M046937510
地 址、电 话：渝北区宝桐路998号89091341
开户行及账号：工行回兴分理处62211234566690

货物或应税劳务、服务名称	规格型号	单位	数量	单价	金额	税率	税额
住宿		晚	3	291.261	873.78	3%	26.21
合　　计					¥873.78		¥26.21
价税合计（大写）	⊗玖佰元整				（小写）¥900.00		

销售方　名　　称：成都水立方酒店
纳税人识别号：91510100M061142267
地 址、电 话：成都市晨馨路913号02880502816
开户行及账号：工行成都市新途路支行16982930257682

收款人：胡平　　复核：张英　　开票人：黄柏　　销售方：（章）

第二联：发票联　购买方记账凭证

10-1

领　料　单

2022 年 12 月 14 日

领料单位		百货组			用途	包装商品	
标号	材料名称	规格	验收数量	实收数量	单位	单价	成本总额
1	纸箱		200	200	个	2.50	500.00
合计			200	200			500.00

主管：肖彬　　复核：陈信　　仓库保管员：高兴

11-1

中国工商银行现金存款凭条

2022 年 12 月 17 日

存款人	全称	重庆市两江商贸有限公司							
	账号	6221123456669090011	款项来源	销货款					
	开户行	中国工商银行回兴分理处	交款人	刘得					
金额大写	人民币贰万柒仟柒佰贰拾玖元整		百 十 万	千	百	十	元	角	分
			¥ 2	6	7	8	1	0	0

票面	张数	金额	票面	张数	金额	
100 元	100	10000.00	5 分			复核：刘研
50 元	200	10000.00	2 分			
20 元	250	5000.00	1 分			
10 元	100	1000.00	合计		¥26 781	中国工商银行渝北回兴支行 2022.12.17 转讫
5 元	100	500.00				
2 元	100	200.00				
1 元	70	70.00				
5 角	20	10.00				
1 角	10	1.00				

11-2

销售明细表

编制单位：重庆市两江商贸公司　　　　2022年12月17日

类别	商品名称	规格	单位	数量	含税售价	金额	不含税价	税费
服装组	男西服		套	10	1017.00	10170.00	9000.00	1170.00
	女西服		套	10	904.00	9040.00	8000.00	1040.00
百货组	吹风机		个	20	113.00	2260.00	2000.00	260.00
	台灯		盏	20	169.50	3390.00	3000.00	390.00
副食组	方便面		桶	300	5.65	1695.00	1500.00	195.00
	食用盐		包	100	2.26	226.00	200.00	26.00
合计						26781.00	23700.00	3081.00

会计主管：肖彬　　　　制单：陈信

12-1

重庆市印花税销售凭证

发票联 渝地税 （2022） NO.01234567

购买单位（人）：重庆市两江商贸公司 2022 年 12 月 18 日

购买印花税票					
面值种类	数量	金额	面值种类	数量	金额
壹角票			伍元票	10	50.00
贰角票			拾元票		
伍角票			伍拾票		
壹元票			壹佰票		
贰元票			总计	10	50.00
金额总计（大写） 拾 万 仟 佰 伍 拾 零 元 零 角 零 分					

开票人：东风 售票单位（盖张）：重庆市地方税务局 征收专用章

13-1

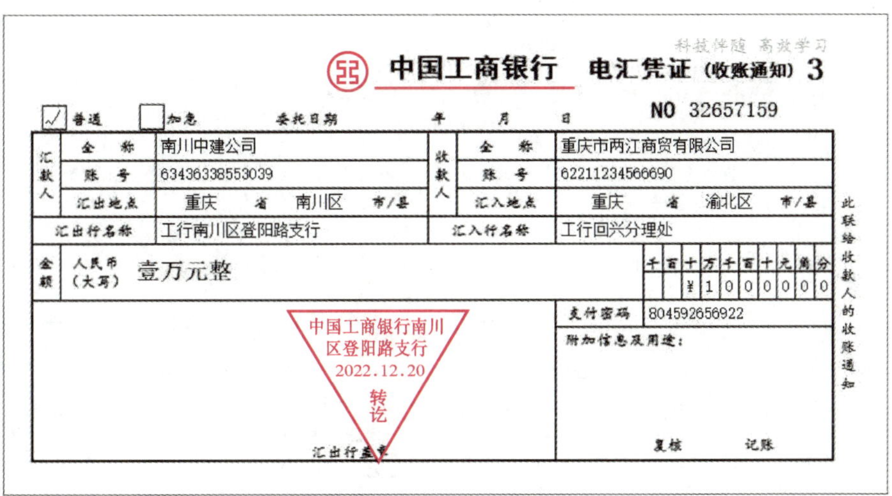

中国工商银行 电汇凭证（收账通知） 3

☑普通 □加急 委托日期 年 月 日 NO 32657159

汇款人	全称	南川中建公司	收款人	全称	重庆市两江商贸有限公司
	账号	63436338553039		账号	62211234566690
	汇出地点	重庆 省 南川区 市/县		汇入地点	重庆 省 渝北区 市/县
汇出行名称		工行南川区登阳路支行	汇入行名称		工行回兴分理处
金额	人民币（大写）	壹万元整		千百十万千百十元角分	¥1000000
汇出行签章		中国工商银行南川区登阳路支行 2022.12.20 转讫		支付密码	804592656922
				附加信息及用途：	
				复核 记账	

此联给收款人的收账通知

14-1

销售明细表

编制单位：重庆市两江商贸公司　　　　2022年12月24日

类别	商品名称	规格	单位	数量	含税售价	金额	不含税价	税费
服装组	男西服		套	70	1017.00	71190.00	63000.00	8190.00
	女西服		套	80	904.00	72320.00	64000.00	8320.00
百货组	吹风机		个	100	113.00	11300.00	10000.00	1300.00
	台灯		盏	100	169.50	16950.00	15000.00	1950
副食组	方便面		桶	1600	5.65	9040.00	8000.00	1040.00
	食用盐		包	100	2.26	226.00	200.00	26.00
合计						181026.00	160200.00	20826.00

会计主管：肖彬　　　　制单：陈信

14-2

中国工商银行现金存款凭条

2022 年 12 月 24 日

存款人	全称	重庆市两江商贸有限公司				
	账号	6221123456669090011		款项来源	销货款	
	开户行	工行回兴分理处		交款人	刘得	
金额大写	人民币壹拾万柒仟肆佰叁拾肆元整			百十万千百十元角分	¥1 8 1 0 2 6 0 0	
票面	张数	金额	票面	张数	金额	
100 元	1200	120000.00	5 分			中国工商银行渝北回兴支行 2022.12.24 转讫
50 元	1000	50000.00	2 分			
20 元	500	10000.00	1 分			
10 元	100	1000.00	合计		¥181 026	
1 元	26	26.00				
5 角						复核：刘研

15-1

领料单

2022 年 12 月 30 日

领料单位		管理部门		用途		
编号	材料名称	规格	验送数量	单位	单价	成本金额
2	纸箱		400	个	2.50	1000.00
合计			400			1000.00

会计主管：肖彬　　　　制单：高兴

16-1

借款利息计算表

编制单位：重庆市两江商贸有限公司　　　　2022 年 12 月 31 日

借款类别	借款金额	利率（月）	本月计提金额	备注
长期借款	60 000	1.667%	1000.00	

会计主管：肖彬　　　　制单：陈信

17-1

工资结算汇总表

编制单位：重庆市两江商贸有限公司　　　　2022 年 12 月　单位：元

人员类别	应付职工薪酬					代扣款		实发金额
	基本工资	奖金	津贴	请假扣款	合计	个人所得税	公积金	
经营人员	16 000	4 000	2 000		22 000	300	1 700	20 000
管理人员	13 000	1 000	1 000		15 000	300	1200	13 500
合计	29 000	5 000	3 000		37 000	600	2 900	33 500

会计主管：肖彬　　　　制单：陈信

18-1

职工福利等三项经费计算

2022 年 12 月　单位：元

部门	计提基数	计提比例（%）	金额
经营人员	22 000	18.5	4 070.00
管理人员	15 000	18.5	2775.00
合计	37 000		6845.00

会计主管：肖彬　　　　制单：陈信

19-1

固定资产折旧计算表

2022 年 12 月 31 日　　单位 ：元

固定资产类别	上月折旧额	加上月增加固定资产折旧		减上月减少固定资产折旧		本月折旧额
		原值	折旧额	原值	折旧额	
房屋建筑	1 000.00					10 000.00
设备	5 000.00					5 000.00
合计	15 000.00					15 000.00

会计主管：肖彬　　　　制单：陈信

20-1

商品销售出库汇总表（先进先出法）

编制单位 ：重庆市两江商贸有限公司　　2022 年 12 月 31 日

类别	商品名称	规格	单位	数量	单位成本	金额	合计
服装组	男西服		套	130	600.00	78 000.00	118000
	女西服		套	140	300(250)	40 000.00	
百货组	吹风机		个	120	20.00	2 400.00	8 400
	台灯		盏	120	50.00	6 000.00	
副食组	方便面		桶	1900	4.00	7 600.00	7 800
	食用盐		包	200	1.00	200.00	
合计						134 200	134 200

会计主管：肖彬　　　　制单：陈信

21. 计算本月未交增值税

22-1

本月应交税费计算表

2022 年 12 月 31 日　　单位：元

税目	计税依据	计税金额	税率	税额
城建税	增值税		7%	
教育费附加	增值税		3%	
地方教育附加	增值税		2%	

会计主管：肖彬　　　　制单：陈信

23-1　24-1

本月损益类各账户本期发生额

2022 年 12 月 31 日　　单位：元

会计科目	本期发生额（借方）	会计科目	本期发生额（贷方）
主营业务成本		主营业务收入	
营业税金及附加			
管理费用			
销售费用			
财务费用			
合计		合计	

会计主管：肖彬　　　　复核：肖彬　　　　制单：陈信

25-1

所得税计算表

2022 年 12 月 31 日　单位：元

项目	本季度利润总额	所得税率	本季度预交所得税
金额		25%	
合计			

会计主管：肖彬　　　　复核：肖彬　　　　制单：陈信

26. 12 月 31 日，结转所得税；
27. 12 月 31 日，将本年利润结转入未分配利润。
28. 12 月 31 日，按 10%计提盈余公积
29. 12 月 31 日，结转盈余公积。

任务六　实务空白凭证、账簿及报表

（一）所需空白记账凭证

业务 1.

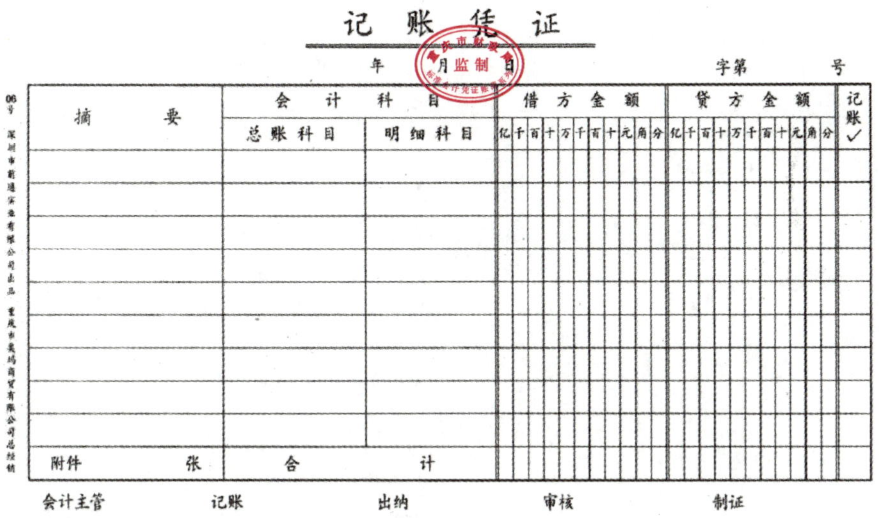

记 账 凭 证

年　月　日　　　　字第　　号

摘　要	会计科目		借方金额	贷方金额	记账
	总账科目	明细科目	亿千百十万千百十元角分	亿千百十万千百十元角分	✓
附件　张	合　计				

会计主管　　记账　　出纳　　审核　　制证

业务 2.

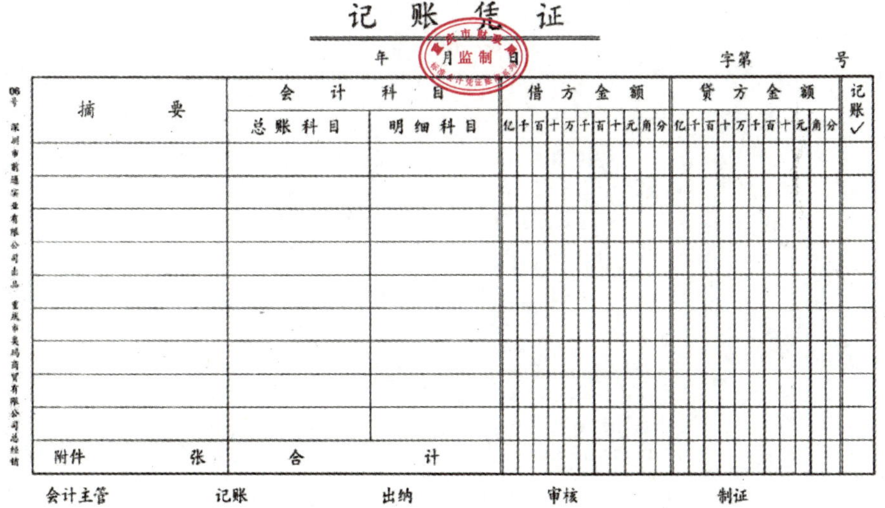

记 账 凭 证

年　月　日　　　　字第　　号

摘　要	会计科目		借方金额	贷方金额	记账
	总账科目	明细科目	亿千百十万千百十元角分	亿千百十万千百十元角分	✓
附件　张	合　计				

会计主管　　记账　　出纳　　审核　　制证

业务 3.

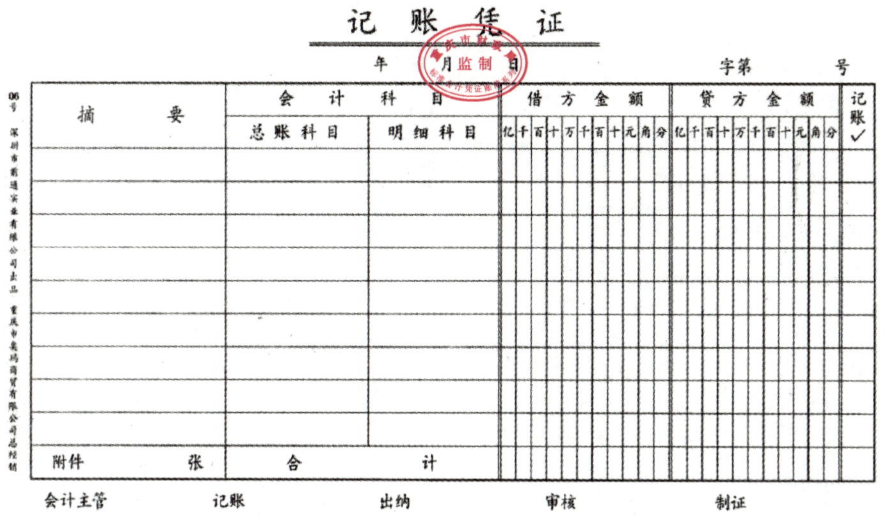

记　账　凭　证

年　月　日　　　　　　　　字第　　　号

摘要	会计科目		借方金额	贷方金额	记账
	总账科目	明细科目	亿千百十万千百十元角分	亿千百十万千百十元角分	✓
附件　张	合　　计				

会计主管　　记账　　出纳　　审核　　制证

业务 4.

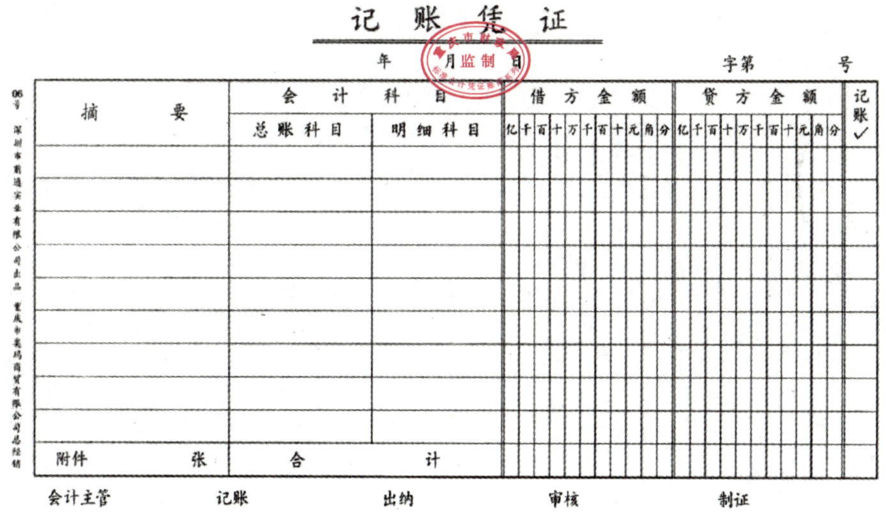

记　账　凭　证

年　月　日　　　　　　　　字第　　　号

摘要	会计科目		借方金额	贷方金额	记账
	总账科目	明细科目	亿千百十万千百十元角分	亿千百十万千百十元角分	✓
附件　张	合　　计				

会计主管　　记账　　出纳　　审核　　制证

业务 5.

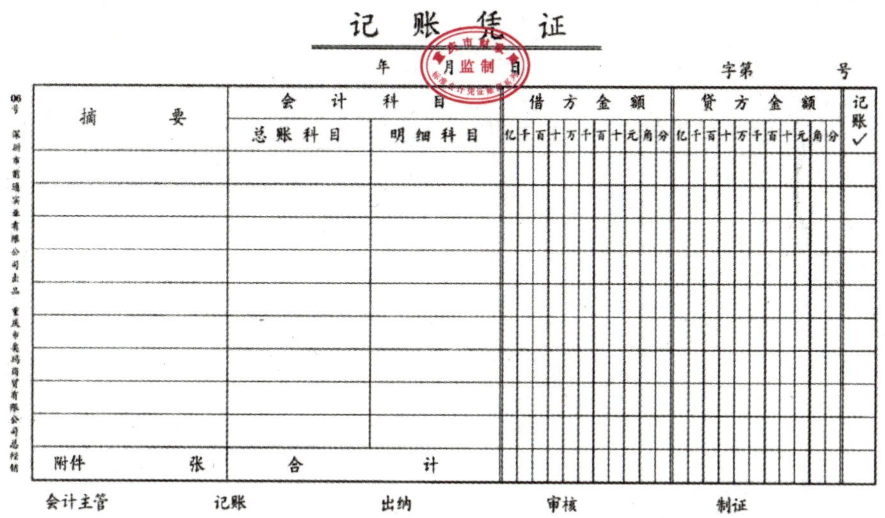

记 账 凭 证

年 月 日　　　　字第　　号

摘 要	会计科目		借方金额	贷方金额	记账
	总账科目	明细科目	亿 千 百 十 万 千 百 十 元 角 分	亿 千 百 十 万 千 百 十 元 角 分	✓
附件 张	合 计				

会计主管　　记账　　出纳　　审核　　制证

业务 6.

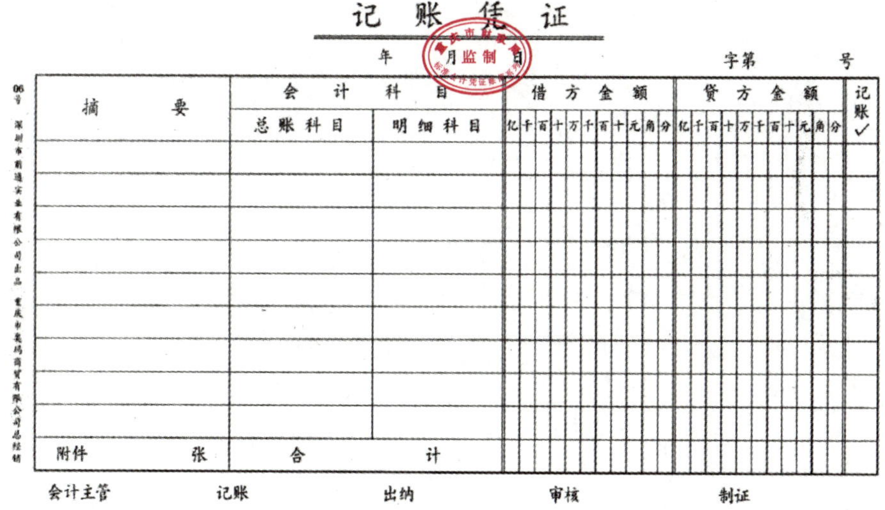

记 账 凭 证

年 月 日　　　　字第　　号

摘 要	会计科目		借方金额	贷方金额	记账
	总账科目	明细科目	亿 千 百 十 万 千 百 十 元 角 分	亿 千 百 十 万 千 百 十 元 角 分	✓
附件 张	合 计				

会计主管　　记账　　出纳　　审核　　制证

业务 7.

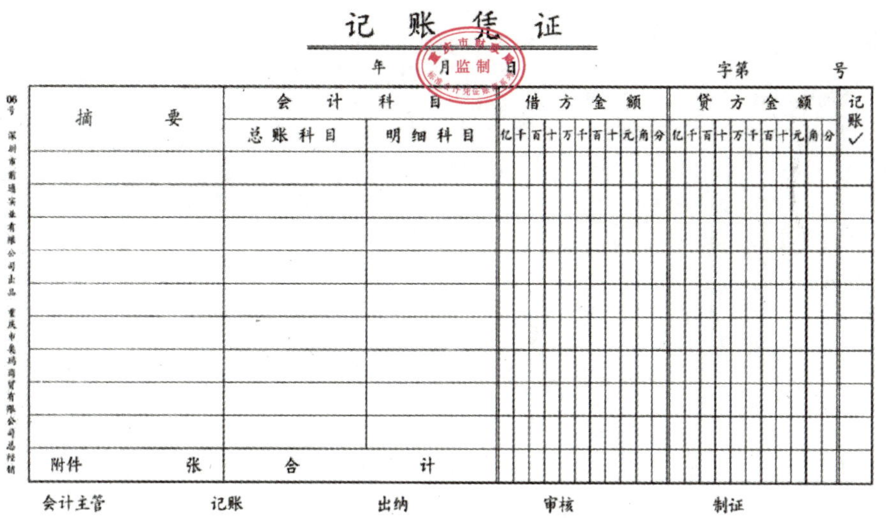

记　账　凭　证

年　月　日　　　　字第　　号

摘　要	会　计　科　目		借　方　金　额											贷　方　金　额											记账
	总账科目	明细科目	亿	千	百	十	万	千	百	十	元	角	分	亿	千	百	十	万	千	百	十	元	角	分	✓
附件　张	合　计																								

会计主管　　记账　　出纳　　审核　　制证

业务 8.

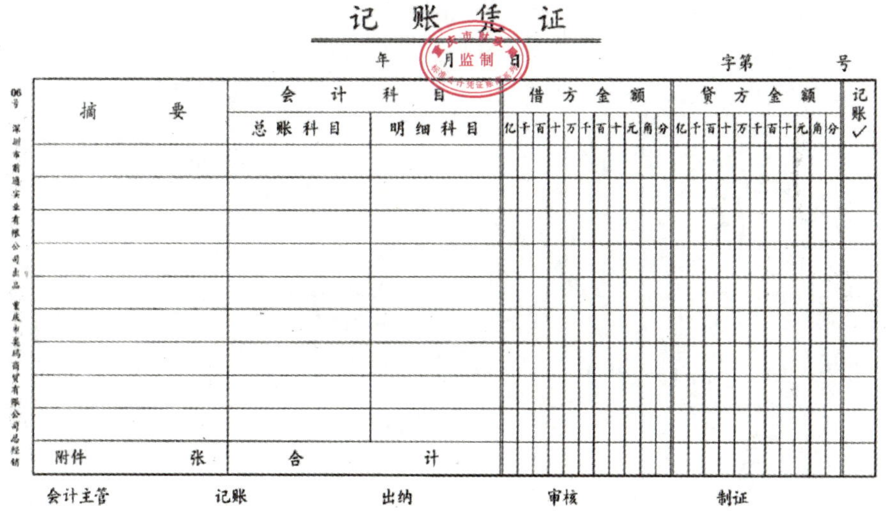

记　账　凭　证

年　月　日　　　　字第　　号

摘　要	会　计　科　目		借　方　金　额											贷　方　金　额											记账
	总账科目	明细科目	亿	千	百	十	万	千	百	十	元	角	分	亿	千	百	十	万	千	百	十	元	角	分	✓
附件　张	合　计																								

会计主管　　记账　　出纳　　审核　　制证

业务 9.

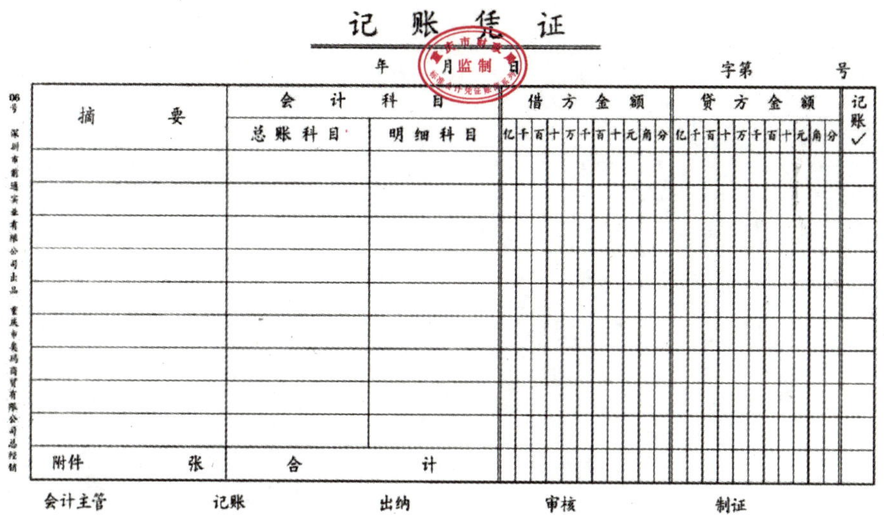

记 账 凭 证

年 月 日 字第 号

摘要	会计科目		借方金额											贷方金额											记账
	总账科目	明细科目	亿	千	百	十	万	千	百	十	元	角	分	亿	千	百	十	万	千	百	十	元	角	分	✓
附件 张	合计																								

会计主管 记账 出纳 审核 制证

业务 10.

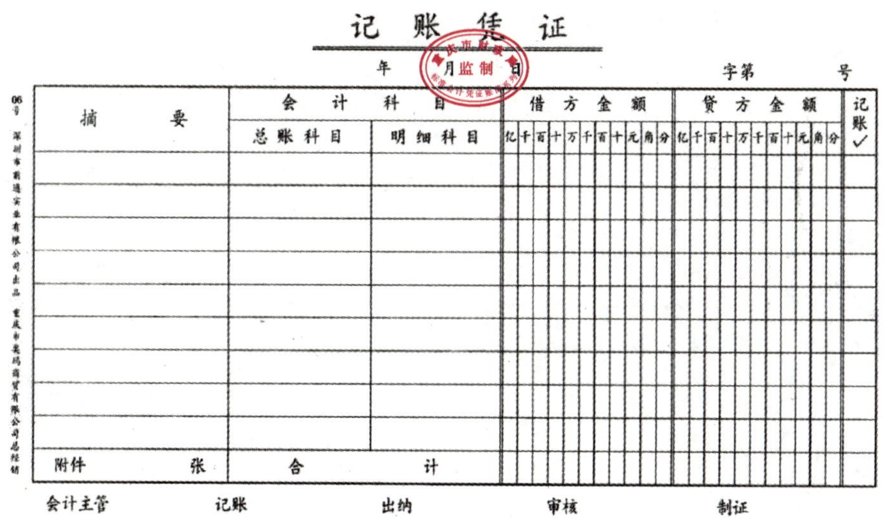

记 账 凭 证

年 月 日 字第 号

摘要	会计科目		借方金额											贷方金额											记账
	总账科目	明细科目	亿	千	百	十	万	千	百	十	元	角	分	亿	千	百	十	万	千	百	十	元	角	分	✓
附件 张	合计																								

会计主管 记账 出纳 审核 制证

业务 11.

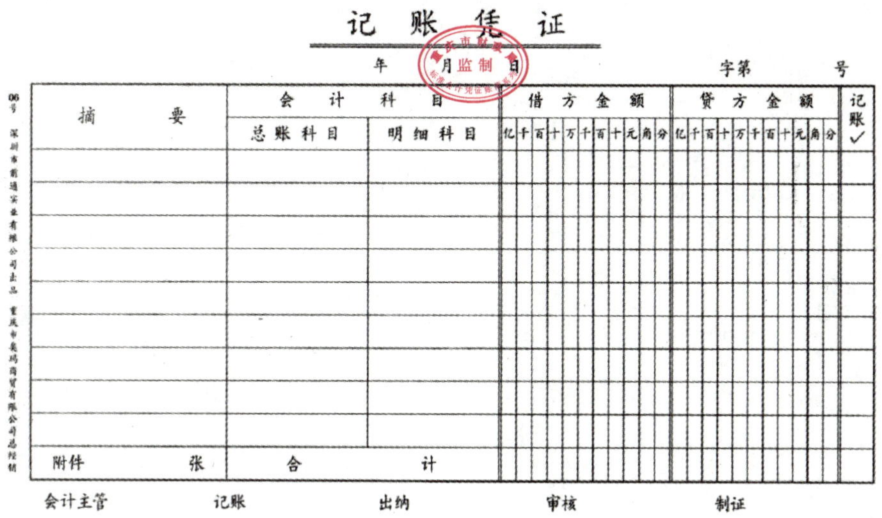

记　账　凭　证

年　月　日　　　　字第　　号

摘　要	会计科目		借方金额											贷方金额											记账
	总账科目	明细科目	亿	千	百	十	万	千	百	十	元	角	分	亿	千	百	十	万	千	百	十	元	角	分	✓
附件　张	合　计																								

会计主管　　记账　　出纳　　审核　　制证

业务 12.

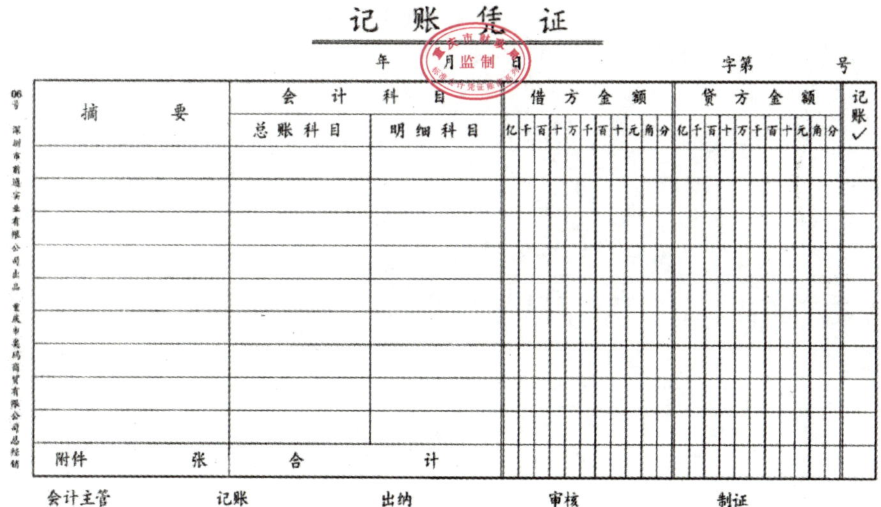

记　账　凭　证

年　月　日　　　　字第　　号

摘　要	会计科目		借方金额											贷方金额											记账
	总账科目	明细科目	亿	千	百	十	万	千	百	十	元	角	分	亿	千	百	十	万	千	百	十	元	角	分	✓
附件　张	合　计																								

会计主管　　记账　　出纳　　审核　　制证

业务 13.

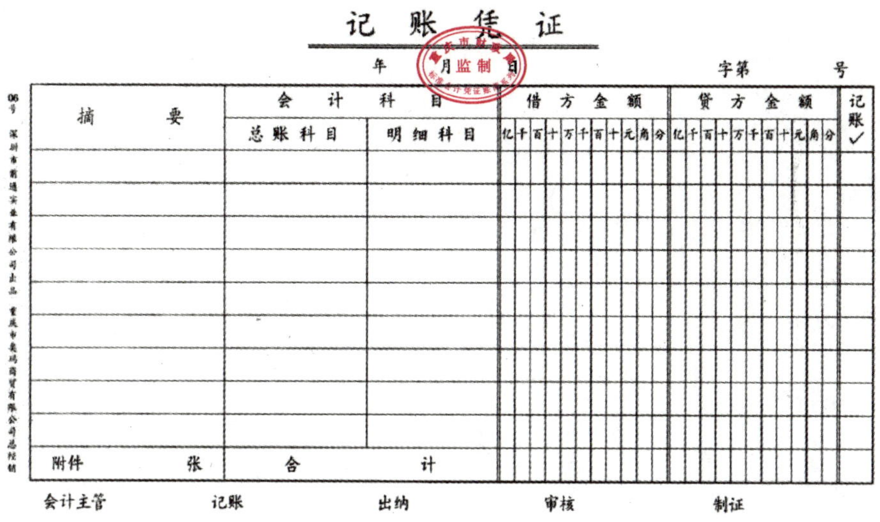

记　账　凭　证

年　月　日　　　　字第　　号

摘　要	会计科目		借方金额	贷方金额	记账
	总账科目	明细科目	亿千百十万千百十元角分	亿千百十万千百十元角分	✓
附件　张	合　计				

会计主管　　记账　　出纳　　审核　　制证

业务 14.

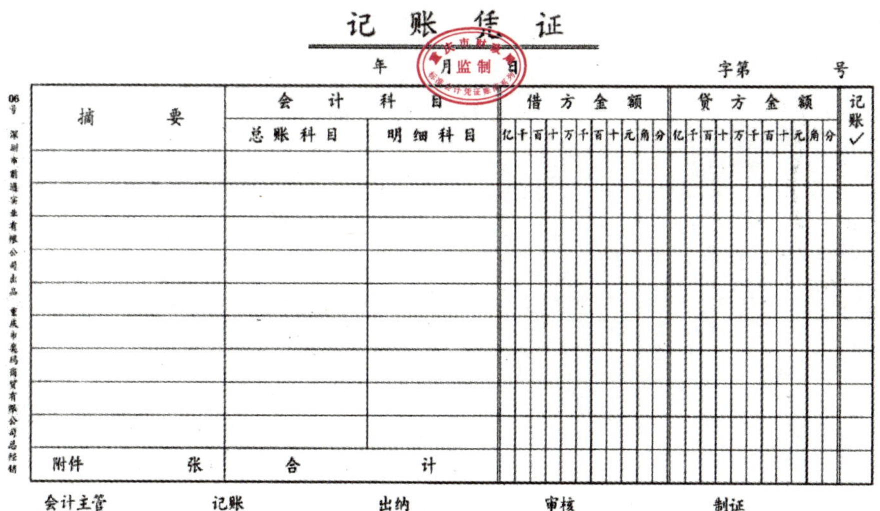

记　账　凭　证

年　月　日　　　　字第　　号

摘　要	会计科目		借方金额	贷方金额	记账
	总账科目	明细科目	亿千百十万千百十元角分	亿千百十万千百十元角分	✓
附件　张	合　计				

会计主管　　记账　　出纳　　审核　　制证

业务 15.

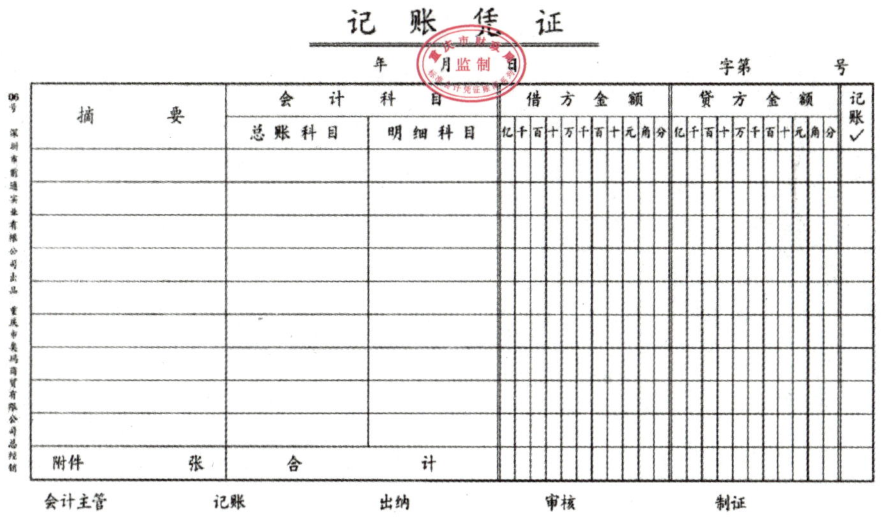

记　账　凭　证

年　月　日　　　　字第　　号

摘　要	会计科目		借方金额	贷方金额	记账
	总账科目	明细科目	亿千百十万千百十元角分	亿千百十万千百十元角分	✓
附件　张	合　计				

会计主管　　记账　　出纳　　审核　　制证

业务 16.

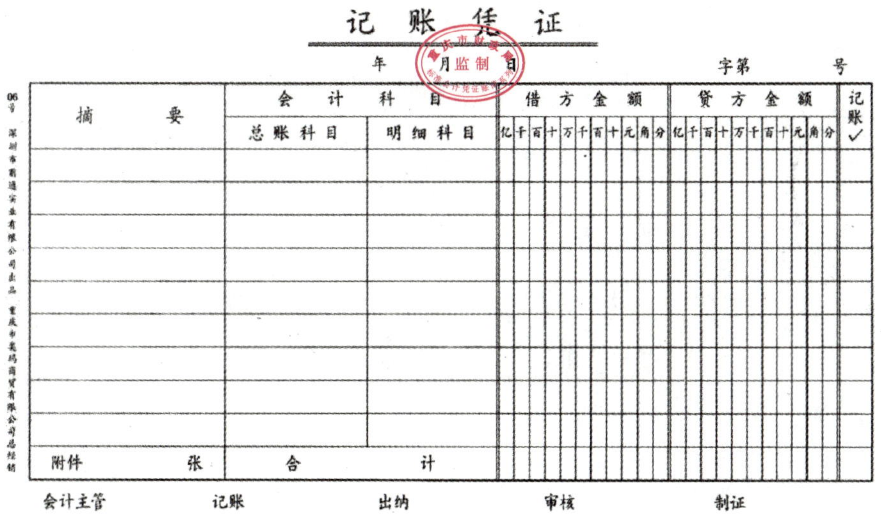

记　账　凭　证

年　月　日　　　　字第　　号

摘　要	会计科目		借方金额	贷方金额	记账
	总账科目	明细科目	亿千百十万千百十元角分	亿千百十万千百十元角分	✓
附件　张	合　计				

会计主管　　记账　　出纳　　审核　　制证

业务 17.

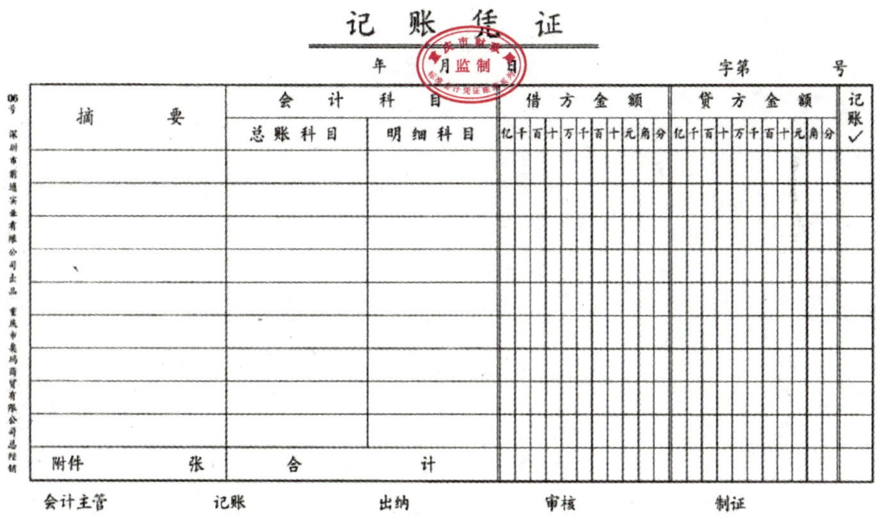

记 账 凭 证

年　月　日　　　　字第　　号

摘要	会计科目		借方金额											贷方金额											记账✓
	总账科目	明细科目	亿	千	百	十	万	千	百	十	元	角	分	亿	千	百	十	万	千	百	十	元	角	分	
附件　张	合计																								

会计主管　　记账　　出纳　　审核　　制证

业务 18.

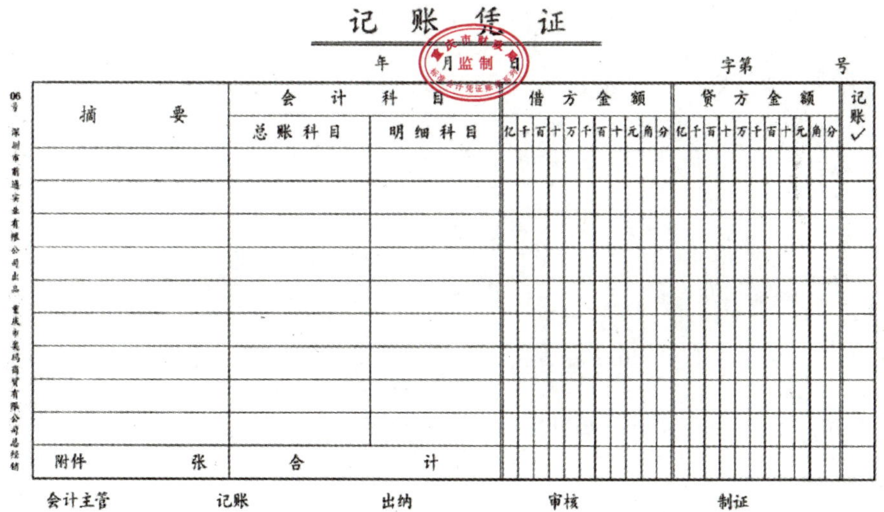

记 账 凭 证

年　月　日　　　　字第　　号

摘要	会计科目		借方金额											贷方金额											记账✓
	总账科目	明细科目	亿	千	百	十	万	千	百	十	元	角	分	亿	千	百	十	万	千	百	十	元	角	分	
附件　张	合计																								

会计主管　　记账　　出纳　　审核　　制证

业务 19.

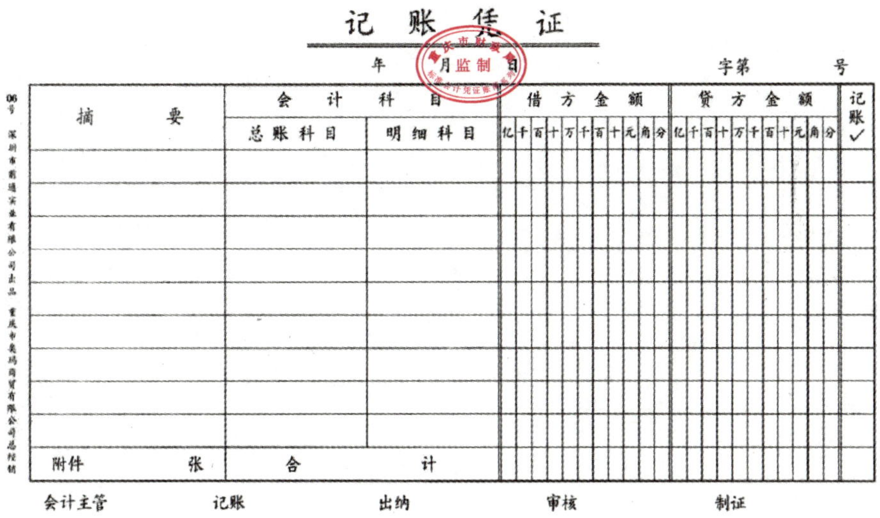

记 账 凭 证

年 月 日 字第 号

摘 要	会计科目		借方金额	贷方金额	记账
	总账科目	明细科目	亿 千 百 十 万 千 百 十 元 角 分	亿 千 百 十 万 千 百 十 元 角 分	✓
附件 张	合 计				

会计主管 记账 出纳 审核 制证

业务 20.

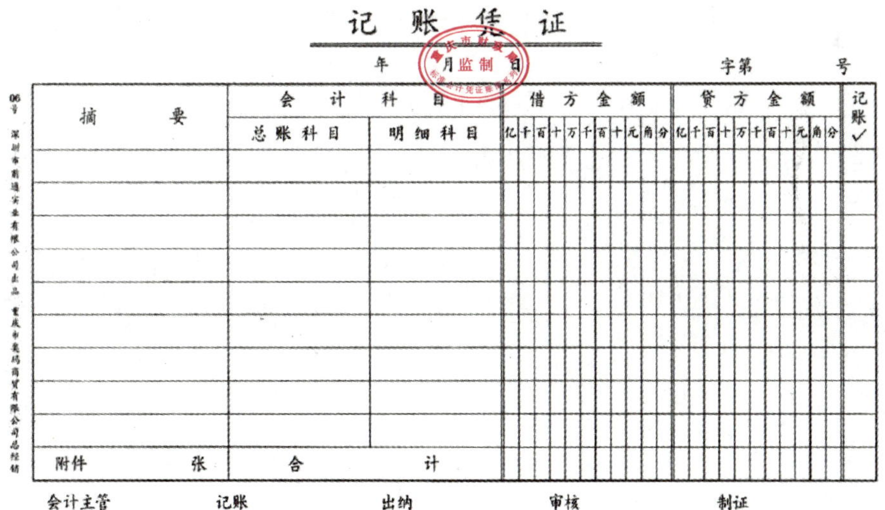

记 账 凭 证

年 月 日 字第 号

摘 要	会计科目		借方金额	贷方金额	记账
	总账科目	明细科目	亿 千 百 十 万 千 百 十 元 角 分	亿 千 百 十 万 千 百 十 元 角 分	✓
附件 张	合 计				

会计主管 记账 出纳 审核 制证

业务 21.

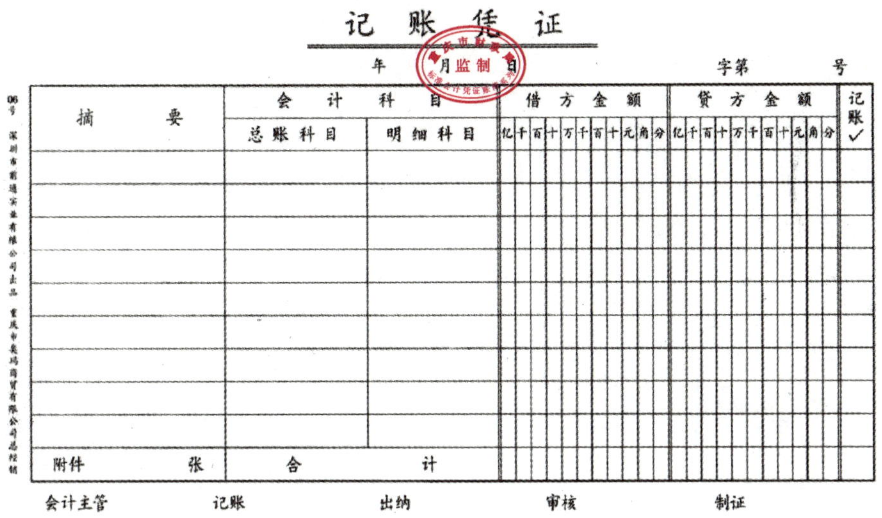

记 账 凭 证

年 月 日　　　　字第　　号

摘要	会计科目		借方金额											贷方金额											记账✓
	总账科目	明细科目	亿	千	百	十	万	千	百	十	元	角	分	亿	千	百	十	万	千	百	十	元	角	分	
附件 张	合计																								

会计主管　　记账　　出纳　　审核　　制证

业务 22.

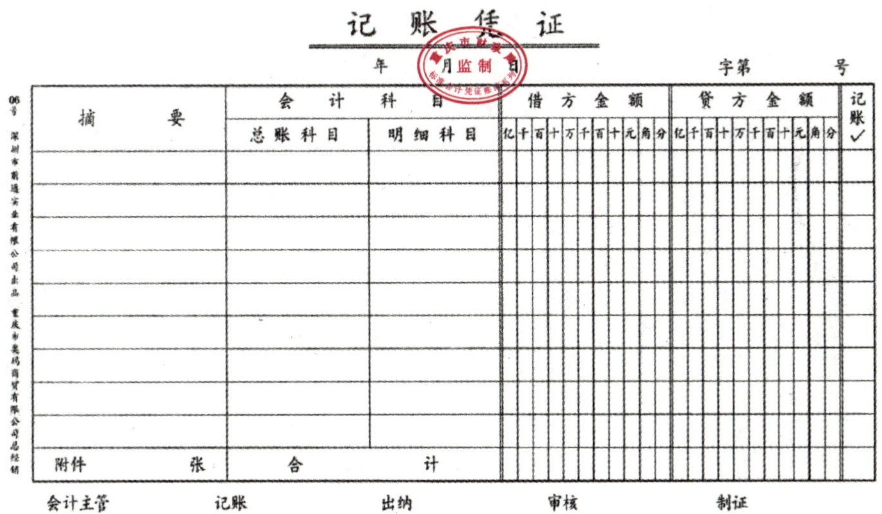

记 账 凭 证

年 月 日　　　　字第　　号

摘要	会计科目		借方金额											贷方金额											记账✓
	总账科目	明细科目	亿	千	百	十	万	千	百	十	元	角	分	亿	千	百	十	万	千	百	十	元	角	分	
附件 张	合计																								

会计主管　　记账　　出纳　　审核　　制证

业务 23.

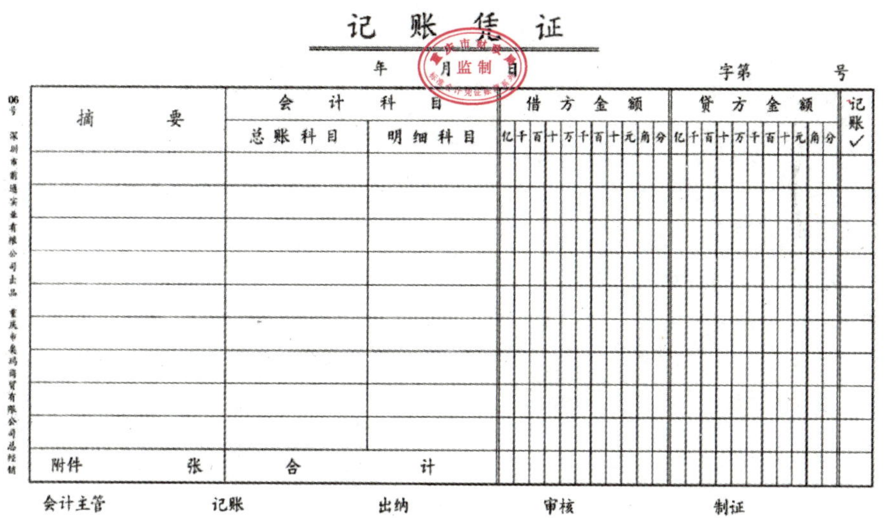

记　账　凭　证

年　月　日　　　　字第　号

摘　要	会计科目		借方金额	贷方金额	记账
	总账科目	明细科目	亿千百十万千百十元角分	亿千百十万千百十元角分	✓
附件　张	合　计				

会计主管　记账　出纳　审核　制证

06号 深圳市前通实业有限公司出品 重庆市美玛商贸有限公司总经销

业务 24.

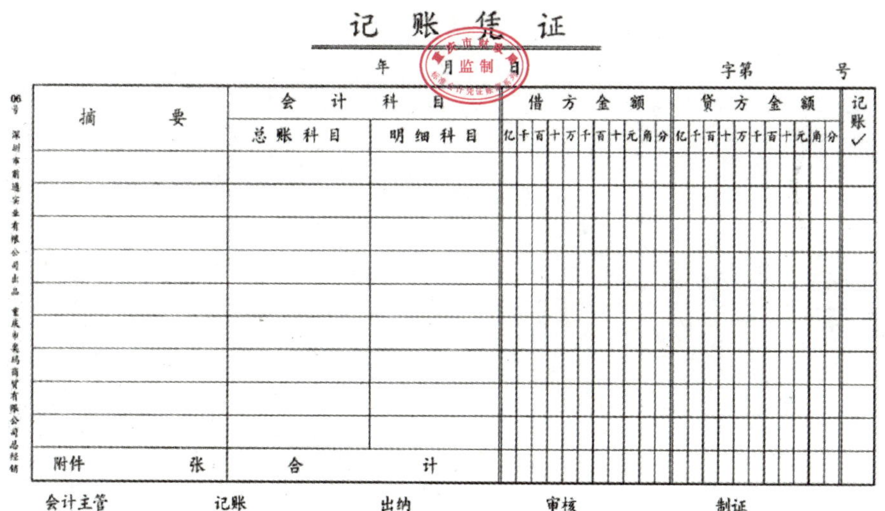

记　账　凭　证

年　月　日　　　　字第　号

摘　要	会计科目		借方金额	贷方金额	记账
	总账科目	明细科目	亿千百十万千百十元角分	亿千百十万千百十元角分	✓
附件　张	合　计				

会计主管　记账　出纳　审核　制证

06号 深圳市前通实业有限公司出品 重庆市美玛商贸有限公司总经销

业务 25.

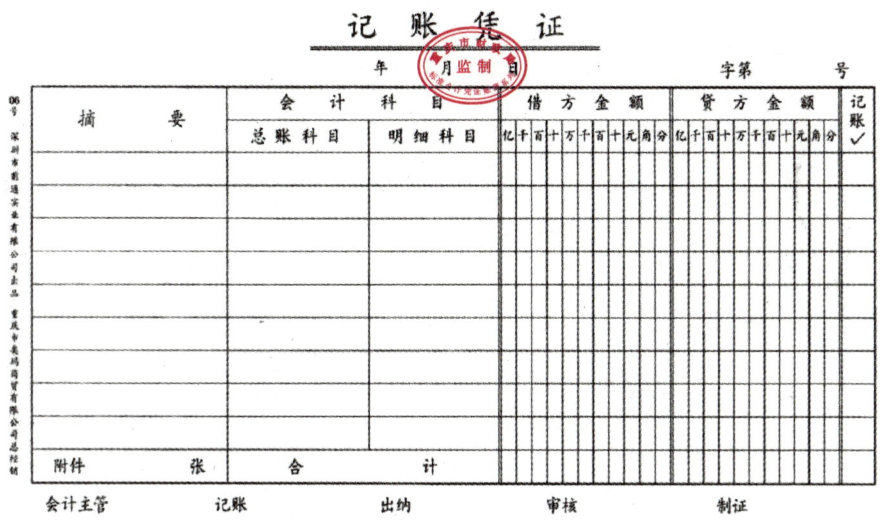

记　账　凭　证

年　月　日　　　　字第　　号

摘　要	会计科目		借方金额											贷方金额											记账
	总账科目	明细科目	亿	千	百	十	万	千	百	十	元	角	分	亿	千	百	十	万	千	百	十	元	角	分	✓
附件　张	合　计																								

会计主管　　记账　　出纳　　审核　　制证

业务 26.

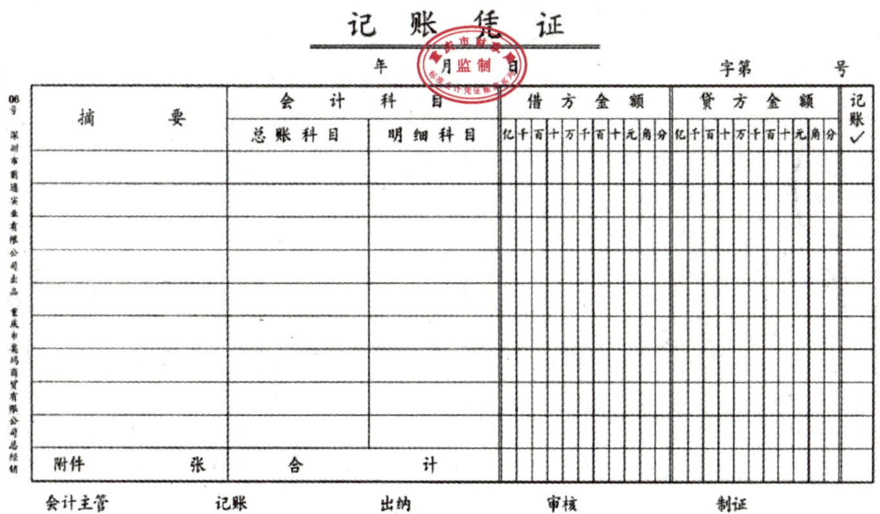

记　账　凭　证

年　月　日　　　　字第　　号

摘　要	会计科目		借方金额											贷方金额											记账
	总账科目	明细科目	亿	千	百	十	万	千	百	十	元	角	分	亿	千	百	十	万	千	百	十	元	角	分	✓
附件　张	合　计																								

会计主管　　记账　　出纳　　审核　　制证

业务 27.

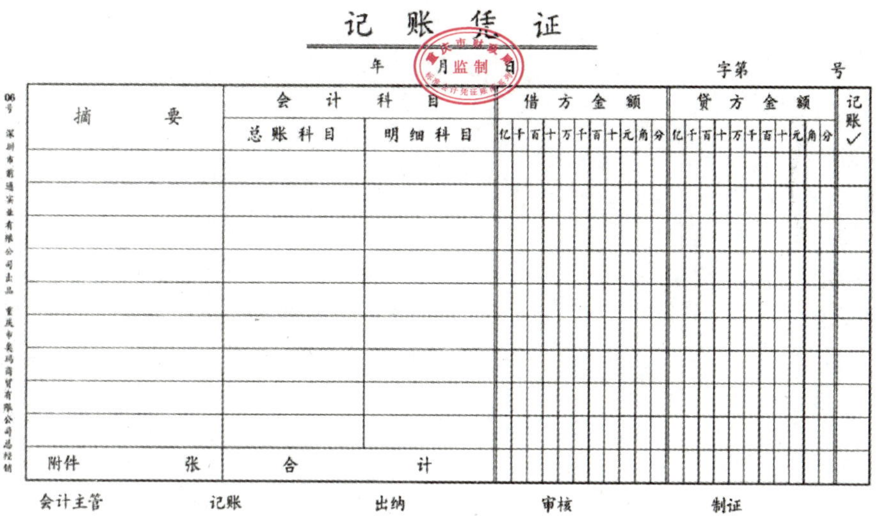

记　账　凭　证

年　月　日　　　　字第　　号

摘要	会计科目		借方金额											贷方金额											记账✓
	总账科目	明细科目	亿	千	百	十	万	千	百	十	元	角	分	亿	千	百	十	万	千	百	十	元	角	分	
附件　张	合　计																								

会计主管　　记账　　出纳　　审核　　制证

06号 深圳市新通实业有限公司出品 重庆市美玛商贸有限公司总经销

业务 28.

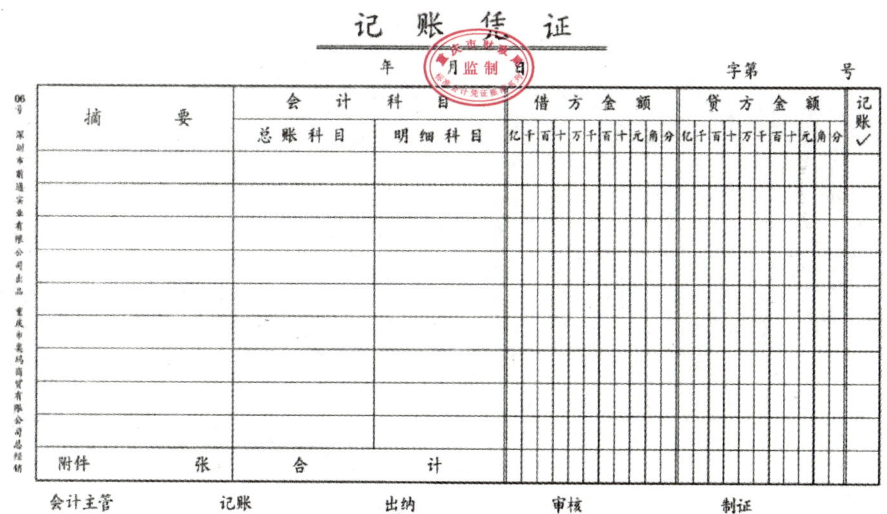

记　账　凭　证

年　月　日　　　　字第　　号

摘要	会计科目		借方金额											贷方金额											记账✓
	总账科目	明细科目	亿	千	百	十	万	千	百	十	元	角	分	亿	千	百	十	万	千	百	十	元	角	分	
附件　张	合　计																								

会计主管　　记账　　出纳　　审核　　制证

06号 深圳市新通实业有限公司出品 重庆市美玛商贸有限公司总经销

业务 29.

记　账　凭　证

年　　月　　日　　　　　　　　字第　　　号

摘　要	会计科目		借方金额											贷方金额											记账✓
	总账科目	明细科目	亿	千	百	十	万	千	百	十	元	角	分	亿	千	百	十	万	千	百	十	元	角	分	
附件　张	合　计																								

会计主管　　记账　　出纳　　审核　　制证

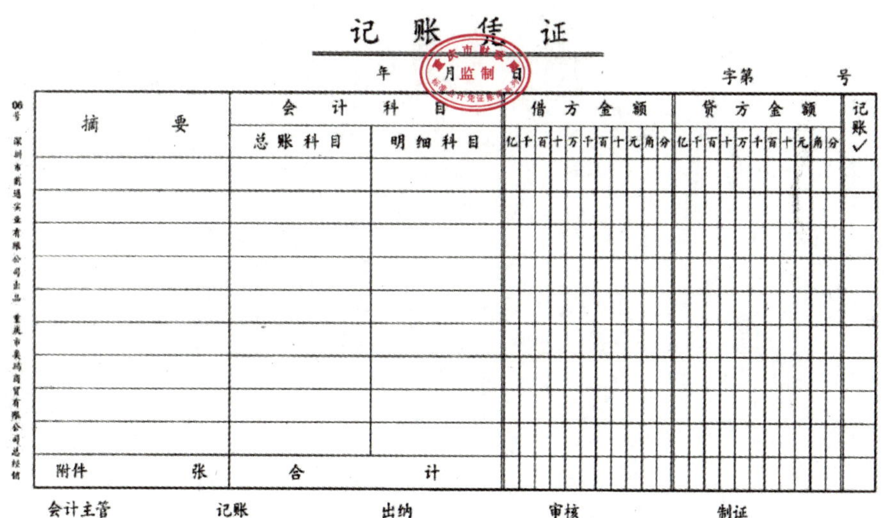

记　账　凭　证

年　　月　　日　　　　　　　　字第　　　号

摘　要	会计科目		借方金额											贷方金额											记账✓
	总账科目	明细科目	亿	千	百	十	万	千	百	十	元	角	分	亿	千	百	十	万	千	百	十	元	角	分	
附件　张	合　计																								

会计主管　　记账　　出纳　　审核　　制证

记　账　凭　证

年　　月　　日　　　　　　　　　　字第　　　号

摘　要	会计科目		借方金额											贷方金额											记账✓
	总账科目	明细科目	亿	千	百	十	万	千	百	十	元	角	分	亿	千	百	十	万	千	百	十	元	角	分	
附件　张	合　计																								

会计主管　　　记账　　　出纳　　　审核　　　制证

（二）所需空白明细账

库存现金日记账

二级　　科目

年		记账凭证号数	摘　要	对方科目	借方										贷方										借或贷	余额									
月	日				千	百	十	万	千	百	十	元	角	分	千	百	十	万	千	百	十	元	角	分		千	百	十	万	千	百	十	元	角	分

银行存款日记账

年		凭证		摘要	对方科目	借方										贷方										借或贷	余额									
月	日	种类	号数			千	百	十	万	千	百	十	元	角	分	千	百	十	万	千	百	十	元	角	分		千	百	十	万	千	百	十	元	角	分

第____页　　**应收账款明细账**　　科技伴随　高效学习

二级科目或明细科目　成都红星公司

年		凭证		摘要	借方										贷方										借或贷	余额									
月	日	种类	号数		千	百	十	万	千	百	十	元	角	分	千	百	十	万	千	百	十	元	角	分		千	百	十	万	千	百	十	元	角	分

第____页　　**应收账款明细账**　　科技伴随　高效学习

二级科目或明细科目　中建公司

年		凭证		摘要	借方										贷方										借或贷	余额									
月	日	种类	号数		千	百	十	万	千	百	十	元	角	分	千	百	十	万	千	百	十	元	角	分		千	百	十	万	千	百	十	元	角	分

第____页

应收账款明细账

科技伴随 高效学习

二级科目或明细科目 南方公司

年		凭证		摘要	借方										贷方										借或贷	余额									
月	日	种类	号数		千	百	十	万	千	百	十	元	角	分	千	百	十	万	千	百	十	元	角	分		千	百	十	万	千	百	十	元	角	分

其他应收款

明细科目：郭静

第 页共 页

年		凭证		摘要	借方										贷方										借或贷	余额									
月	日	种类	号数		亿	千	百	十	万	千	百	十	元	角分	亿	千	百	十	万	千	百	十	元	角分		亿	千	百	十	万	千	百	十	元	角分

库存商品 明细账

最高储存量____

最低储存量____

本账页数 ____

本户页数 ____

编号____ 规格____ 明细科目 男西服 名称____

年		凭证		摘要	借方											贷方											结存										
月	日	种类	号数		数量	单价	百	十	万	千	百	十	元	角	分	数量	单价	百	十	万	千	百	十	元	角	分	数量	单价	百	十	万	千	百	十	元	角	分

最高储存量 ________　　　　　　　　　　　　　　| 本账页数 | |
最低储存量 ________

库存商品　　明细账

本账页数	
本户页数	

编号 ______ 规格 ______ 明细科目 ______ 名称 女西服

年		凭证		摘要	借方			贷方			结存		
月	日	种类	号数		数量	单价	百十万千百十元角分	数量	单价	百十万千百十元角分	数量	单价	百十万千百十元角分

最高储存量 ________
最低储存量 ________

库存商品　　明细账

本账页数	
本户页数	

编号 ______ 规格 ______ 明细科目 ______ 名称 台灯

年		凭证		摘要	借方			贷方			结存		
月	日	种类	号数		数量	单价	百十万千百十元角分	数量	单价	百十万千百十元角分	数量	单价	百十万千百十元角分

最高储存量 ________
最低储存量 ________

库存商品　　明细账

本账页数	
本户页数	

编号 ______ 规格 ______ 明细科目 ______ 名称 吹风机

年		凭证		摘要	借方			贷方			结存		
月	日	种类	号数		数量	单价	百十万千百十元角分	数量	单价	百十万千百十元角分	数量	单价	百十万千百十元角分

最高储存量 ________
最低储存量 ________

库存商品 明细账

本账页数	
本户页数	

编号 ________ 规格 ________ 明细科目 ________ 名称 方便面

年		凭证		摘要	借方											贷方											结存										
月	日	种类	号数		数量	单价	百	十	万	千	百	十	元	角	分	数量	单价	百	十	万	千	百	十	元	角	分	数量	单价	百	十	万	千	百	十	元	角	分

最高储存量 ________
最低储存量 ________

库存商品 明细账

本账页数	
本户页数	

编号 ________ 规格 ________ 明细科目 ________ 名称 食盐

年		凭证		摘要	借方											贷方											结存										
月	日	种类	号数		数量	单价	百	十	万	千	百	十	元	角	分	数量	单价	百	十	万	千	百	十	元	角	分	数量	单价	百	十	万	千	百	十	元	角	分

最高储存量 ________
最低储存量 ________

周转材料 明细账

本账页数	
本户页数	

编号 ________ 规格 ________ 明细科目 ________ 名称 纸箱

年		凭证		摘要	借方											贷方											结存										
月	日	种类	号数		数量	单价	百	十	万	千	百	十	元	角	分	数量	单价	百	十	万	千	百	十	元	角	分	数量	单价	百	十	万	千	百	十	元	角	分

最高储存量 ________
最低储存量 ________

周转材料　明细账

本账页数	
本户页数	

编号 ________ 规格 ________ 明细科目 ________ 名称 包装袋

年		凭证		摘要	借方											贷方											结存										
月	日	种类	号数		数量	单价	百	十	万	千	百	十	元	角	分	数量	单价	百	十	万	千	百	十	元	角	分	数量	单价	百	十	万	千	百	十	元	角	分

固定资产

明细科目：房屋建筑物　　　　第　页共　页

年		凭证		摘要	借方											贷方											借或贷	余额										
月	日	种类	号数		亿	千	百	十	万	千	百	十	元	角	分	亿	千	百	十	万	千	百	十	元	角	分		亿	千	百	十	万	千	百	十	元	角	分

固定资产

明细科目：设备　　　　第　页共　页

年		凭证		摘要	借方											贷方											借或贷	余额										
月	日	种类	号数		亿	千	百	十	万	千	百	十	元	角	分	亿	千	百	十	万	千	百	十	元	角	分		亿	千	百	十	万	千	百	十	元	角	分

累计折旧

明细科目：

第　页共　页

年		凭证		摘要	借方											贷方											借或贷	余额										
月	日	种类	号数		亿	千	百	十	万	千	百	十	元	角	分	亿	千	百	十	万	千	百	十	元	角	分		亿	千	百	十	万	千	百	十	元	角	分

应付账款

明细科目：重庆段记制衣有限公司

第　页共　页

年		凭证		摘要	借方											贷方											借或贷	余额										
月	日	种类	号数		亿	千	百	十	万	千	百	十	元	角	分	亿	千	百	十	万	千	百	十	元	角	分		亿	千	百	十	万	千	百	十	元	角	分

应交税费 明细账

二级科目 未交增值税

2022年		凭证		摘要	对方科目	借方										贷方										借	余额									
月	日	种类	号数			千	百	十	万	千	百	十	元	角	分	千	百	十	万	千	百	十	元	角	分	或	千	百	十	万	千	百	十	元	角	分

应交税费 明细账

二级科目 增值税

2022年		凭证		摘要	对方科目	借方	贷方	借或贷	余额
月	日	种类	号数			千百十万千百十元角分	千百十万千百十元角分		千百十万千百十元角分
12	1			期初余额					

应交税费

明细科目：城建税

第　页共　页

年		凭证		摘要	借方	贷方	借或贷	余额
月	日	种类	号数		亿千百十万千百十元角分	亿千百十万千百十元角分		亿千百十万千百十元角分

应交税费

明细科目：教育费附加

第　页共　页

年		凭证		摘要	借方	贷方	借或贷	余额
月	日	种类	号数		亿千百十万千百十元角分	亿千百十万千百十元角分		亿千百十万千百十元角分

第 ____ 页

应交税费明细账

科技伴随 高效学习

二级科目或明细科目 地方教育附加

年		凭证		摘要	借方										贷方										借或贷	余额									
月	日	种类	号数		千	百	十	万	千	百	十	元	角	分	千	百	十	万	千	百	十	元	角	分		千	百	十	万	千	百	十	元	角	分

应交税费

明细科目:个人所得税

第 页共 页

年		凭证		摘要	借方											贷方											借或贷	余额										
月	日	种类	号数		亿	千	百	十	万	千	百	十	元	角	分	亿	千	百	十	万	千	百	十	元	角	分		亿	千	百	十	万	千	百	十	元	角	分

应交税费

明细科目:企业所得税

第 页共 页

年		凭证		摘要	借方											贷方											借或贷	余额										
月	日	种类	号数		亿	千	百	十	万	千	百	十	元	角	分	亿	千	百	十	万	千	百	十	元	角	分		亿	千	百	十	万	千	百	十	元	角	分

应付职工薪酬

明细科目:工资

第　页共　页

年		凭证		摘要	借方											贷方											借或贷	余额										
月	日	种类	号数		亿	千	百	十	万	千	百	十	元	角	分	亿	千	百	十	万	千	百	十	元	角	分		亿	千	百	十	万	千	百	十	元	角	分

应付职工薪酬

明细科目:职工福利等三项经费

第　页共　页

年		凭证		摘要	借方											贷方											借或贷	余额									
月	日	种类	号数		亿	千	百	十	万	千	百	十	元	角	分	亿	千	百	十	万	千	百	十	元	角	分		亿	千	百	十	万	千	百	十	元	角

长期借款

明细科目:

第　页共　页

年		凭证		摘要	借方											贷方											借或贷	余额										
月	日	种类	号数		亿	千	百	十	万	千	百	十	元	角	分	亿	千	百	十	万	千	百	十	元	角	分		亿	千	百	十	万	千	百	十	元	角	分

应付利息

明细科目：　　　　　　　　　　　　　　　　第　页共　页

年		凭证		摘要	借方											贷方											借或贷	余额										
月	日	种类	号数		亿	千	百	十	万	千	百	十	元	角	分	亿	千	百	十	万	千	百	十	元	角	分		亿	千	百	十	万	千	百	十	元	角	分

实收资本

明细科目：华新实业公司　　　　　　　　　　第　页共　页

年		凭证		摘要	借方											贷方											借或贷	余额										
月	日	种类	号数		亿	千	百	十	万	千	百	十	元	角	分	亿	千	百	十	万	千	百	十	元	角	分		亿	千	百	十	万	千	百	十	元	角	分

实收资本

明细科目：龙石高科技公司　　　　　　　　第　页共　页

年		凭证		摘要	借方											贷方											借或贷	余额										
月	日	种类	号数		亿	千	百	十	万	千	百	十	元	角	分	亿	千	百	十	万	千	百	十	元	角	分		亿	千	百	十	万	千	百	十	元	角	分

实收资本明细账

科技伴随 高效学习

第____页

二级科目或明细科目 两江集团公司

年		凭证		摘要	借方										贷方										借或贷	余额									
月	日	种类	号数		千	百	十	万	千	百	十	元	角	分	千	百	十	万	千	百	十	元	角	分		千	百	十	万	千	百	十	元	角	分

盈余公积

明细科目:法定盈余公积

第 页共 页

年		凭证		摘要	借方											贷方											借或贷	余额										
月	日	种类	号数		亿	千	百	十	万	千	百	十	元	角	分	亿	千	百	十	万	千	百	十	元	角	分		亿	千	百	十	万	千	百	十	元	角	分

本年利润

明细科目:

第 页共 页

年		凭证		摘要	借方											贷方											借或贷	余额										
月	日	种类	号数		亿	千	百	十	万	千	百	十	元	角	分	亿	千	百	十	万	千	百	十	元	角	分		亿	千	百	十	万	千	百	十	元	角	分

利润分配

明细科目：未分配利润　　　　第　页共　页

年		凭证		摘要	借方											贷方											借或贷	余额										
月	日	种类	号数		亿	千	百	十	万	千	百	十	元	角	分	亿	千	百	十	万	千	百	十	元	角	分		亿	千	百	十	万	千	百	十	元	角	分

主营业务成本

明细科目：　　　　第　页共　页

年		凭证		摘要	借方											贷方											借或贷	余额										
月	日	种类	号数		亿	千	百	十	万	千	百	十	元	角	分	亿	千	百	十	万	千	百	十	元	角	分		亿	千	百	十	万	千	百	十	元	角	分

第____页

加明细账

科技伴随 高效学习

二级科目或明细科目

年		凭证		摘要	借方										贷方										借或贷	余额									
月	日	种类	号数		千	百	十	万	千	百	十	元	角	分	千	百	十	万	千	百	十	元	角	分		千	百	十	万	千	百	十	元	角	分

所得税费用

明细科目：　　　　　　　　　　　　　　　　　　　　　　　　　　　　　第　页共　页

年		凭证		摘要	借方											贷方											借或贷	余额										
月	日	种类	号数		亿	千	百	十	万	千	百	十	元	角	分	亿	千	百	十	万	千	百	十	元	角	分		亿	千	百	十	万	千	百	十	元	角	分

管理费用　明细分类账

2022年		凭证		摘要	借方	贷方	余额	差旅费	印花税	材料费	工资及福利	折旧费	其他
月	日	字	号										

销售费用　明细分类账

2022年		凭证		摘要	借方	贷方	余额	材料费	工资及福利费	
月	日	字	号							

财务费用 明细分类账

2022年		凭证		摘要	借方	贷方	余额	利息		
月	日	字	号							

主营业务收入 明细分类账

2022年		凭证		摘要	借方	贷方	余额	服装组	百货组	副食组
月	日	字	号							

（三）所需空白科目汇总表

科目汇总表

20， 年12月01日至12月10日

编号:01		附件共		张		
凭证号数		第	号至		号共	张
		第	号至		号共	张
		第 01	号至	06	号共 6	张

会计科目	总页	借方金额（十亿千百十万千百十元角分）	贷方金额（十亿千百十万千百十元角分）	会计科目	总页	借方金额（十亿千百十万千百十元角分）	贷方金额（十亿千百十万千百十元角分）
库存现金							
银行存款							
其他应收款							
库存商品							
应交税费							
实收资本							

科 目 汇 总 表

年 12 月 11 日 至 12 月 20 日

编号: 02		附件共	张
凭证号数		第　号至　号共	张
		第　号至　号共	张
		第 07 号至 13 号共 7	张

会计科目	总页	借方金额（十亿千百十万千百十元角分）	贷方金额（十亿千百十万千百十元角分）	会计科目	总页	借方金额（十亿千百十万千百十元角分）	贷方金额（十亿千百十万千百十元角分）
库存现金							
银行存款							
应收账款							
其他应收款							
周转材料							
应交税费							
管理费用							
销售费用							
主营业务收入							

科 目 汇 总 表

年 12 月 21 日 至 12 月 31 日

编号: 03		附件共	张
凭证号数		第　号至　号共	张
		第　号至　号共	张
		第 14 号至 25 号共 14	张

会计科目	总页	借方金额（十亿千百十万千百十元角分）	贷方金额（十亿千百十万千百十元角分）	会计科目	总页	借方金额（十亿千百十万千百十元角分）	贷方金额（十亿千百十万千百十元角分）
银行存款							
库存商品							
周转材料							
累计折旧							
应付利息							
应交税费							
应付职工薪酬							
主营业务成本							
营业税金及附加							
主营业务收入							
管理费用							
销售费用							
财务费用							
所得税费用							
本年利润							
利润分配							

（四）所需空白总账

会计科目：库存现金　　　　第　页共　页

年 月	日	凭证 种类	号数	摘　要	借　方（亿千百十万千百十元角分）	贷　方（亿千百十万千百十元角分）	借或贷	余　额（亿千百十万千百十元角分）
12	01			期初余额			借	

会计科目：银行存款　　　　第　页共　页

年		凭证		摘要	借方	贷方	借或贷	余额
月	日	种类	号数		亿千百十万千百十元角分	亿千百十万千百十元角分		亿千百十万千百十元角分
12	01			期初余额			借	

会计科目：应收账款　　　　第　页共　页

年		凭证		摘要	借方	贷方	借或贷	余额
月	日	种类	号数		亿千百十万千百十元角分	亿千百十万千百十元角分		亿千百十万千百十元角分
12								

会计科目：其他应收款　　　　第　页共　页

年		凭证		摘要	借方	贷方	借或贷	余额
月	日	种类	号数		亿千百十万千百十元角分	亿千百十万千百十元角分		亿千百十万千百十元角分
12	10	汇	01					

会计科目：库存商品　　　　第　页共　页

年		凭证		摘要	借方	贷方	借或贷	余额
月	日	种类	号数		亿千百十万千百十元角分	亿千百十万千百十元角分		亿千百十万千百十元角分
12								

会计科目：周转材料　　　　第　页共　页

年		凭证		摘要	借方											贷方											借或贷	余额										
月	日	种类	号数		亿	千	百	十	万	千	百	十	元	角	分	亿	千	百	十	万	千	百	十	元	角	分		亿	千	百	十	万	千	百	十	元	角	分
12																																						

会计科目：固定资产　　　　第　页共　页

年		凭证		摘要	借方											贷方											借或贷	余额										
月	日	种类	号数		亿	千	百	十	万	千	百	十	元	角	分	亿	千	百	十	万	千	百	十	元	角	分		亿	千	百	十	万	千	百	十	元	角	分
12																																						

会计科目：累计折旧　　　　第　页共　页

年		凭证		摘要	借方											贷方											借或贷	余额										
月	日	种类	号数		亿	千	百	十	万	千	百	十	元	角	分	亿	千	百	十	万	千	百	十	元	角	分		亿	千	百	十	万	千	百	十	元	角	分
12																																						

会计科目：应付账款　　　　第　页共　页

年		凭证		摘要	借方											贷方											借或贷	余额										
月	日	种类	号数		亿	千	百	十	万	千	百	十	元	角	分	亿	千	百	十	万	千	百	十	元	角	分		亿	千	百	十	万	千	百	十	元	角	分
12																																						

会计科目：长期借款

第　页共　页

年		凭证		摘要	借方											贷方											借或贷	余额										
月	日	种类	号数		亿	千	百	十	万	千	百	十	元	角	分	亿	千	百	十	万	千	百	十	元	角	分		亿	千	百	十	万	千	百	十	元	角	分
12																																						

会计科目：应付利息

第　页共　页

年		凭证		摘要	借方											贷方											借或贷	余额										
月	日	种类	号数		亿	千	百	十	万	千	百	十	元	角	分	亿	千	百	十	万	千	百	十	元	角	分		亿	千	百	十	万	千	百	十	元	角	分
12																																						

会计科目：应交税费

第　页共　页

年		凭证		摘要	借方											贷方											借或贷	余额										
月	日	种类	号数		亿	千	百	十	万	千	百	十	元	角	分	亿	千	百	十	万	千	百	十	元	角	分		亿	千	百	十	万	千	百	十	元	角	分
12																																						

会计科目：应付职工薪酬

第　页共　页

年		凭证		摘要	借方											贷方											借或贷	余额										
月	日	种类	号数		亿	千	百	十	万	千	百	十	元	角	分	亿	千	百	十	万	千	百	十	元	角	分		亿	千	百	十	万	千	百	十	元	角	分
12																																						

会计科目：实收资本

第　页共　页

年		凭证		摘要	借方											贷方											借或贷	余额										
月	日	种类	号数		亿	千	百	十	万	千	百	十	元	角	分	亿	千	百	十	万	千	百	十	元	角	分		亿	千	百	十	万	千	百	十	元	角	分
12																																						

会计科目：盈余公积

第　页共　页

年		凭证		摘要	借方											贷方											借或贷	余额										
月	日	种类	号数		亿	千	百	十	万	千	百	十	元	角	分	亿	千	百	十	万	千	百	十	元	角	分		亿	千	百	十	万	千	百	十	元	角	分
12																																						

会计科目：本年利润

第　页共　页

年		凭证		摘要	借方											贷方											借或贷	余额										
月	日	种类	号数		亿	千	百	十	万	千	百	十	元	角	分	亿	千	百	十	万	千	百	十	元	角	分		亿	千	百	十	万	千	百	十	元	角	分
12																																						

会计科目：利润分配

第　页共　页

年		凭证		摘要	借方											贷方											借或贷	余额										
月	日	种类	号数		亿	千	百	十	万	千	百	十	元	角	分	亿	千	百	十	万	千	百	十	元	角	分		亿	千	百	十	万	千	百	十	元	角	分
12																																						

会计科目：主营业务收入　　　　第　页共　页

年		凭证		摘要	借方											贷方											借或贷	余额										
月	日	种类	号数		亿	千	百	十	万	千	百	十	元	角	分	亿	千	百	十	万	千	百	十	元	角	分		亿	千	百	十	万	千	百	十	元	角	分
12																																						

会计科目：主营业务成本　　　　第　页共　页

年		凭证		摘要	借方											贷方											借或贷	余额										
月	日	种类	号数		亿	千	百	十	万	千	百	十	元	角	分	亿	千	百	十	万	千	百	十	元	角	分		亿	千	百	十	万	千	百	十	元	角	分
12																																						

会计科目：营业税金及附加　　　　第　页共　页

年		凭证		摘要	借方											贷方											借或贷	余额										
月	日	种类	号数		亿	千	百	十	万	千	百	十	元	角	分	亿	千	百	十	万	千	百	十	元	角	分		亿	千	百	十	万	千	百	十	元	角	分
12																																						

会计科目：管理费用　　　　第　页共　页

年		凭证		摘要	借方											贷方											借或贷	余额										
月	日	种类	号数		亿	千	百	十	万	千	百	十	元	角	分	亿	千	百	十	万	千	百	十	元	角	分		亿	千	百	十	万	千	百	十	元	角	分
12																																						

会计科目：销售费用　　　　第　页共　页

年		凭证		摘要	借方											贷方											借或贷	余额										
月	日	种类	号数		亿	千	百	十	万	千	百	十	元	角	分	亿	千	百	十	万	千	百	十	元	角	分		亿	千	百	十	万	千	百	十	元	角	分
12																																						

会计科目：账务费用　　　　第　页共　页

年		凭证		摘要	借方											贷方											借或贷	余额										
月	日	种类	号数		亿	千	百	十	万	千	百	十	元	角	分	亿	千	百	十	万	千	百	十	元	角	分		亿	千	百	十	万	千	百	十	元	角	分
12																																						

会计科目：所得税费用　　　　第　页共　页

年		凭证		摘要	借方											贷方											借或贷	余额										
月	日	种类	号数		亿	千	百	十	万	千	百	十	元	角	分	亿	千	百	十	万	千	百	十	元	角	分		亿	千	百	十	万	千	百	十	元	角	分
12																																						

（五）所需会计报表和纳税表

1. 资产负债表

资产负债表

编制单位：重庆市两江商贸有限公司　　2022 年 12 月　　单位：　元

资　产	行次	期末余额	年初余额	负债及所有者权益（或股东权益）	行次	期末余额	年初余额
流动资产：	1			流动负债：	34		
货币资金	2			短期借款	35		
交易性金融资产	3			交易性金融负债	36		
应收票据	4			应付票据	37		
应收账款	5			应付账款	38		
预付款项	6			预收款项	39		
应收利息	7			应付职工薪酬	40		
应收股利	8			应交税费	41		
其他应收款	9			应付利息	42		
存货	10			应付股利	43		
一年内到期的非流动资产	11			其他应付款	44		
其他流动资金	12			一年内到期的长期负债	45		
流动资产合计	13			其他流动负债	46		
非流动资产：	14			流动负债合计	47		
可供出售金融资产	15			非流动负债：	48		
持有至到期投资	16			长期借款	49		
长期应收款	17			应付债券	50		
长期股权投资	18			长期应付款	51		
投资性房地产	19			专项应付款	52		
固定资产	20			预计负债	53		
在建工程	21			递延所得税负债	54		
工程物资	22			其他非流动负债	55		
固定资产清理	23			非流动负债合计	56		
生产性生物资产	24			负债合计	57		
油气资产	25			所有者权益（或股东权益）：	58		
无形资产	26			实收资本（或股本）	59		
开发支出	27			资本公积	60		
商誉	28			减：库存股	61		
长摊待摊费用	29			专项储备	62		
递延所得税资产	30			盈余公积	63		
其他非流动资产	31			未分配利润	64		
非流动资产合计	32			所有者权益（或股东权益）合计	65		
资产总计	33			负债及所有者权益（或股东权益）总计	66		

单位负责人：　　财会负责人：　　复核：　　制表：

2. 利润表

利润表

编制单位：重庆市两江商贸有限公司　　　2022 年 12 月　　　单位：　元

项　目	行次	本月数	本年累计数
一、主营业务收入	1		
减：主营业务成本	4		
营业务税金及附加	5		
二、主营业务利润(亏损以“-”号填列)	10		
加：其他业务利润(亏损以“-”号填列)	11		
减：销售费用	14		
管理费用	15		
财务费用	16		
三、营业利润(亏损以“-”号填列)	18		
加：投资收益(损失以“-”号填列)	19		
补贴收入	22		
营业外收入	23		
减：营业外支出	25		
四、利润总额(亏损以“-”号填列)	27		
减：所得税	28		
五、净利润(净亏损以“-”号填列)	30		

3. 增值税及附加税费纳税申报表

增值税及附加税费申报表

（一般纳税人适用）

根据国家税收法律法规及增值税相关规定制定本表。纳税人不论有无销售额，均应按税务机关核定的纳税期限填写本表，并向当地税务机关申报。

税款所属时间：自　　年　月　日至　　年　月　日　　　　填表日期：　　年　月　日　　　　金额单位：　　元（列至角分）

纳税人识别号（统一社会信用代码）：□□□□□□□□□□□□□□□□□□□□　　　　所属行业：

纳税人名称：	法定代表人姓名		注册地址		生产经营地址	
开户银行及账号		登记注册类型			电话号码	

	项　目	栏　次	一般项目		即征即退项目	
			本月数	本年累计	本月数	本年累计
销售额	（一）按适用税率计税销售额	1				
	其中：应税货物销售额	2				
	应税劳务销售额	3				
	纳税检查调整的销售额	4				
	（二）按简易办法计税销售额	5				
	其中：纳税检查调整的销售额	6				
	（三）免、抵、退办法出口销售额	7			—	—
	（四）免税销售额	8			—	—
	其中：免税货物销售额	9			—	—
	免税劳务销售额	10			—	—
税款计算	销项税额	11				
	进项税额	12				
	上期留抵税额	13				—
	进项税额转出	14				

续表

项　目		栏　次	一般项目		即征即退项目	
			本月数	本年累计	本月数	本年累计
税款计算	免、抵、退应退税额	15			—	—
	按适用税率计算的纳税检查应补缴税额	16			—	—
	应抵扣税额合计	17＝12+13−14−15+16		—		—
	实际抵扣税额	18（如17<11，则为17，否则为11）				
	应纳税额	19＝11−18				
	期末留抵税额	20＝17−18				—
	简易计税办法计算的应纳税额	21				
	按简易计税办法计算的纳税检查应补缴税额	22			—	—
	应纳税额减征额	23				
	应纳税额合计	24＝19+21−23				
税款缴纳	期初未缴税额（多缴为负数）	25				
	实收出口开具专用缴款书退税额	26			—	—
	本期已缴税额	27＝28+29+30+31				
	①分次预缴税额	28		—		—
	②出口开具专用缴款书预缴税额	29		—	—	—
	③本期缴纳上期应纳税额	30				
	④本期缴纳欠缴税额	31				
	期末未缴税额（多缴为负数）	32＝24+25+26−27				
	其中：欠缴税额（≥0）	33＝25+26−27		—		—
	本期应补（退）税额	34＝24−28−29		—		—
	即征即退实际退税额	35	—	—		
	期初未缴查补税额	36			—	—
	本期入库查补税额	37			—	—
	期末未缴查补税额	38＝16+22+36−37			—	—

续表

<table>
<tr><th colspan="2" rowspan="2">项　　目</th><th rowspan="2">栏　　次</th><th colspan="2">一般项目</th><th colspan="2">即征即退项目</th></tr>
<tr><th>本月数</th><th>本年累计</th><th>本月数</th><th>本年累计</th></tr>
<tr><td rowspan="3">附加税费</td><td>城市维护建设税本期应补(退)税额</td><td>39</td><td></td><td></td><td>—</td><td>—</td></tr>
<tr><td>教育费附加本期应补(退)费额</td><td>40</td><td></td><td></td><td>—</td><td>—</td></tr>
<tr><td>地方教育附加本期应补(退)费额</td><td>41</td><td></td><td></td><td>—</td><td>—</td></tr>
<tr><td colspan="7">声明：此表是根据国家税收法律法规及相关规定填写的，本人(单位)对填报内容(及附带资料)的真实性、可靠性、完整性负责。

纳税人(签章)：　　年　月　日</td></tr>
<tr><td colspan="3">经办人：
经办人身份证号：
代理机构签章：
代理机构统一社会信用代码：</td><td colspan="4">受理人：

受理税务机关(章)：　　受理日期：　年　月　日</td></tr>
</table>

4. 企业所得税纳税申报表

中华人民共和国
企业所得税月(季)度预缴纳税申报表

税款所属期间：　　年　　月　　日至　　年　　月　　日

纳税人识别号：□□□□□□□□□□□□□□□□□

纳税人名称：　　　　　　　　　　　　　　　　　金额单位：　　人民币元(列至角分)

行次	项　目	本期金额	累计金额
1	一、按照实际利润额预缴		
2	营业收入		
3	营业成本		
4	利润总额		
5	加：特定业务计算的应纳税所得额		
6	减：不征税收入		
7	免税收入		
8	减征、免征应纳税所得额		
9	弥补以前年度亏损		
10	实际利润额(4行+5行-6行-7行-8行-9行)		
11	税率(25%)		
12	应纳所得税额		
13	减：减免所得税额		
14	其中：符合条件的小型微利企业减免所得税额		
15	减：实际已预缴所得税额	—	
16	减：特定业务预缴(征)所得税额		
17	应补(退)所得税额(12行-13行-15行-16行)	—	
18	减：以前年度多缴在本期抵缴所得税额		
19	本月(季)实际应补(退)所得税额	—	
20	二、按照上一纳税年度应纳税所得额平均额预缴		
21	上一纳税年度应纳税所得额	—	
22	本月(季)应纳税所得额(21行×1/4或1/12)		
23	税率(25%)		
24	本月(季)应纳所得税额(22行×23行)		
25	减：符合条件的小型微利企业减免所得税额		
26	本月(季)实际应纳所得税额(24行-25行)		
27	三、按照税务机关确定的其他方法预缴		
28	本月(季)税务机关确定的预缴所得税额		
29	总分机构纳税人		

续表

行次	项目		本期金额	累计金额
30	总机构	总机构分摊所得税额(19行或26行或28行×总机构分摊预缴比例)		
31		财政集中分配所得税额		
32		分支机构分摊所得税额(19行或26行或28行×分支机构分摊比例)		
33		其中：总机构独立生产经营部门应分摊所得税额		
34	分支机构	分配比例		
35		分配所得税额		

谨声明：此纳税申报表是根据《中华人民共和国企业所得税法》《中华人民共和国企业所得税法实施条例》和国家有关税收规定填报的，是真实的、可靠的、完整的。

法定代表人(签字)：　　　　年　月　日

纳税人公章： 会计主管： 填表日期：　年　月　日	代理申报中介机构公章： 经办人： 经办人执业证件号码： 代理申报日期：　年　月　日	主管税务机关受理专用章： 受理人： 受理日期：　年　月　日

国家税务总局监制

参 考 文 献

[1] 代义国．餐饮企业会计真账实训[M]．广州：广东经济出版社，2013.
[2] 葛翠华．会计综合实训[M]．北京：电子工业出版社，2007.
[3] 陈丽虹，等．新编会计模拟实训[M]．重庆：重庆出版社，2011.
[4] 郭思智，周银燕．新编纳税会计实务[M]．北京：北京交通大学出版社，2012.
[5] 中华会计网校．新企业会计准则精读精讲[M]．北京：人民出版社，2006.